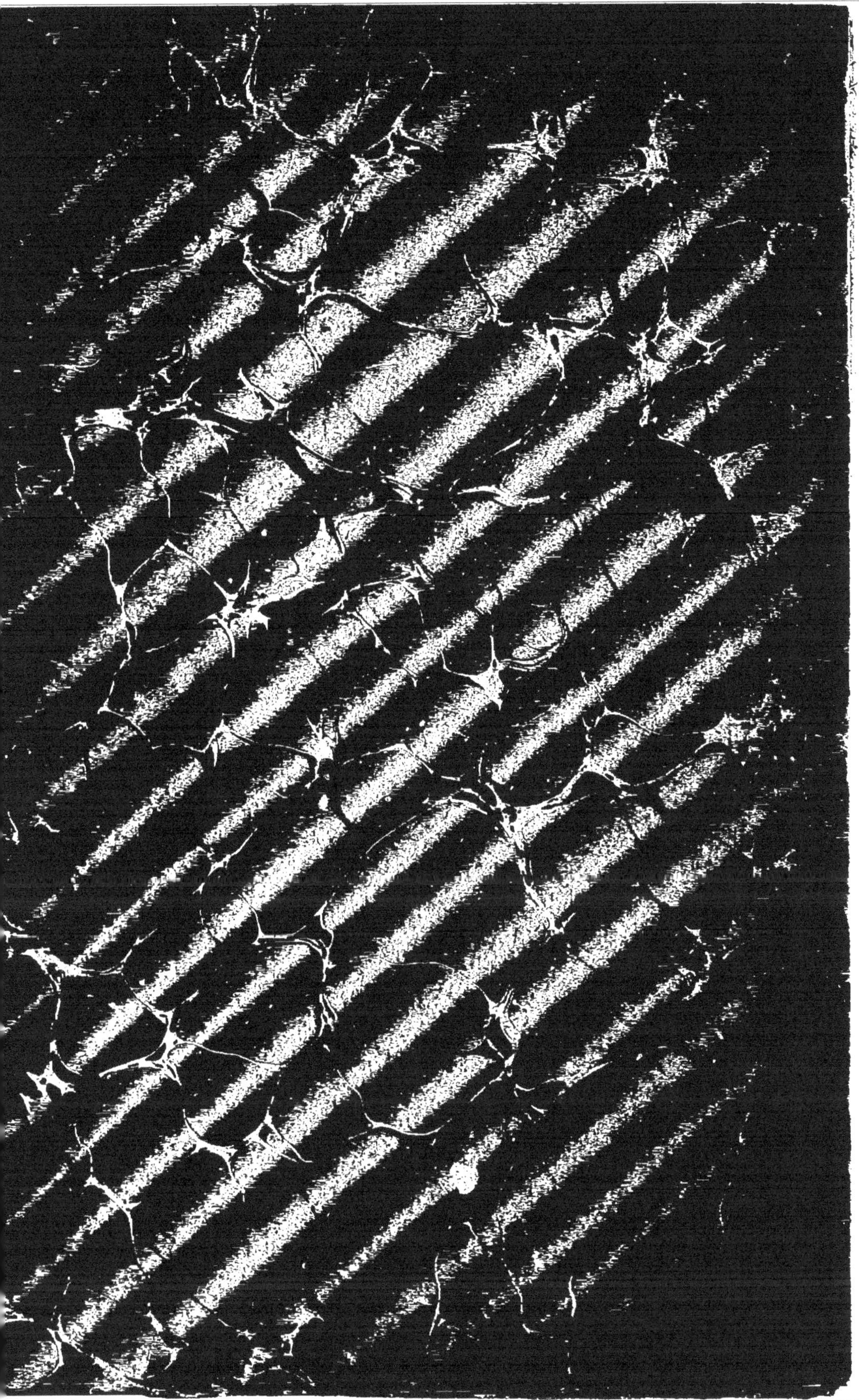

CATALOGUE GÉNÉRAL DES MARCHANDS ÉPICIERS-GROSSIERS-DROGUISTES, ET DES MARCHANDS APOTICAIRES-ÉPICIERS DE CETTE VILLE, FAUXBOURGS ET BANLIEUE DE PARIS.

De l'Imprimerie de PRAULT, IMPRIMEUR DU ROI.

M. DCC. LXXIII.

MESSIEURS
LES GARDES
ET ANCIENS GARDES
DES MARCHANDS EPICIERS,
ET DES MARCHANDS
APOTICAIRES-ÉPICIERS.

MESSIEURS LES GARDES EN CHARGE.

DENIS DE LA VOIEPIERRE.	1771
EDME-NICOLAS ROULX.	1771
JACQUES PORTEBLED.	1773
GUILLAUME LABORIE.	1772
NICOLAS-CLAUDE PICART.	1773
CHARLES-PHILIBERT DESPREZ.	1773

MESSIEURS LES ANCIENS.

LOUIS-CHARLEMAGNE PETIT, *anc. Conſul, Doyen.*	1739
* Antoine-René POULLAIN, *Doyen.*	1740
Pierre GOUJON, *ancien Conſul.*	1742
* Jacques HENNIQUE, *ancien Conſul.*	1742
* Claude PIA, *ancien Conſul.*	1744

CATALOGUE GENERAL ALPHABÉTIQUE.

MESSIEURS,

A

JAcq. Louis ALLEAUME, *ret. rue des Prouv..*	22 Nov. 1718
Pierre ANQUETIL, *retiré, rue de la Verrerie.*	12 Avr. 1720
Nicolas AUBERT, *retiré, rue Saint Antoine.*	16 Mai 1732
Jean-Louis ARAMBOURG, *rue Saint Honoré.*	30 Avr. 1734
Louis AUGER l'aîné, *rue Jean Saint Denis...*	5 Mars 1745
Pierre-Alexandre ARNOULT, *rue S. Antoine.*	21 Nov. 1749
Louis ATHÉNAS, *rue Mouffetart..........*	16 Oct. 1750
Louis AUGER le jeune, *rue N. des P. Champs.*	7 Avr. 1752
* Bernard AZÉMA, *rue Bourtibourg..........*	7 Dec. 1753
Jean-François AUGER, *Place Maubert.....*	19 Dec. 1755
Jean ABIT, *rue des Quatre-Vents.........*	14 Jan. 1757
Pierre-François AMELIN, *rue Saint Honoré..*	22 Juil. 1757
Ant. Jacq. Nicolas AUBERY, *rue S. Victor...*	31 Août 1759
Nicolas-Antoine ACART, *rue de la Harpe...*	29 Août 1760.

MESSIEURS.

A

François-Louis ARNOULT, *Quai des Ormes.*	29 Août 1760
Guillaume AUPRESTRE, *rue de Seine F. S. G.*	31 Juil. 1761
Jacques ANGIBOUST, *Marché neuf.......*	20 Nov. 1761
Ch. Bern. AUGER, *rue du Puits, à la Halle...*	10 Nov. 1762
Pierre-Nicolas ANQUETIL, *ret. au Gros Cail.*	9 Sept. 1763
Jean-Bapt. ANSELME, *rue du Four S. Honoré.*	18 Mai 1764
Nicolas AUXCOUTEAUX, *rue de Condé.....*	28 Sept. 1764
Charles AUGER, *rue du Bac.............*	6 Sept. 1765
Denis AUBERT, *rue saint Antoine........*	25 Oct. 1765
Jean-Mathieu ANTIER, *rue Mouffetart.....*	8 Nov. 1765
Nicolas-Robert ARNOULT, *rue l'Evêque....*	10 Oct. 1766
Jacques AUBERT, *rue des Lombards.......*	10 Juil. 1767
Jean AUVRAY, *Fauxbourg du Temple......*	5 Fév. 1768
Etienne ANDRÉ, *rue du Cimetiere S. Nicolas.*	4 Août 1769
Rob. ALEXANDRE, non ét. *rue neuve saint Denis, chez M. Leleu..................*	20 Juil. 1770
Jean-Baptiste AUBRY, *rue saint Honoré....*	20 Juil. 1770
Pierre-Bernard AUBRY, *rue saint Martin...*	3 Août 1770
Henry AUBRY, *Fauxbourg du Roule......*	3 Août 1770
Jacques-Charlem. AUBRY, *rue de la Harpe..*	29 Mars 1771
Guillaume AUVRAY, *rue du Bac..........*	12 Avril 1771
Nicolas-Joseph AUBRY, *Barriere de Séves..*	21 Août 1772
Pierre AUGUSTIN, *rue de Bussy..........*	12 Nov. 1773

MESSIEURS.

B

JEAN BOCQUET, retiré, *Quai des Céleſtins.*	26 Août 1718
Louis-Edme BEAU, *Carrefour de l'Ecole....*	12 Avr. 1720
Pierre BREANT, retiré, *rue Montmartre....*	23 Août 1720
Bart. Juſtin BOUDET, A. G. *rue ſaint Mart..*	25 Oct. 1720
* Antoine BARBE, anc. G. *rue Notre-Dame...*	16 Oct. 1722
Louis BESNARD, ret. *rue neuve ſaint Merry..*	6 Août 1723
Th. Ambr. BARDIN, ret., *rue Beaurepaire..*	17 Fév. 1730
Joſeph BOURGAREL, ret. *rue des Lombards..*	14 Juil, 1730
Jacques BOULANGER, *rue ſaint Martin....*	15 Dec. 1730
Jean-Bapt. BESNARD, retiré, *rue Mouffetart.*	29 Dec. 1730
Louis BADOULLEAU, retiré, *rue Chapon...*	4 Janv. 1732
Ant. Char. BALUET, ret. *rue ſaint Antoine...*	16 Mai 1732
Pierre-Joſ. BARBOT, ret. *rue ſaint Antoine..*	23 Janv. 1733
Etienne BOUCHERAT, ret. *Fauxb. ſ. Antoine.*	1 Juil. 1735
Adrien BELLOT, *rue des Lombards.......*	7 Oct. 1735
Jean-Baptiſte BUVAT, *rue aux Ours.......*	14 Sept. 1736
Jean-Den. BOIVIN, ret. *Cul de ſac Beaub...*	15 Fév. 1737
Pierre BOURGEOIS, *Fauxb. ſaint Antoine...*	17 Janv. 1738
Guillaume BÉNARD, ret. *Cloître ſaint Merry.*	29 Août 1738
Guillaume BENOIST, *rue de la Tixéranderie.*	12 Dec. 1738
René-Ant. BIGOT, *Cloître ſaint Merry....*	19 Dec. 1738
Nicolas BARBIER, *rue de Seine...........*	27 Mai 1740
* Louis-René BAILLY, r. *rue Ste Croix de la B.*	21 Oct. 1740
Jean-Cl. BIENAIMÉ, ret. *rue des Bourdonn..*	25 Nov. 1740

MESSIEURS.

B

* Charles-Franç. BRUSLEY, ret. *rue de Sorbon.*	17 Fév. 1741
* Charles-Fr. BAILLY, ret. *rue ste. Cr. de la Br.*	21 Avril 1741
* Louis-Ant. BELIER anc. G. *rue Beauregard..*	2 Juin 1741
Etienne BEGUIN, ret. *rue N. saint Etienne..*	11 Août 1741
Marc BROU, retiré, *rue saint Martin......*	17 Août 1742
Etienne BLANGY, retiré, *rue saint Denis...*	9 Nov. 1742
Ange-Memin BERIEUX, ret. *rue des Cinq D.*	7 Déc. 1742
Nicolas BLET, *rue du Four, F. S. G.......*	17 Sept. 1743
Louis BOUREY, *rue de Cléry...........*	15 Mai 1744
Jacques BERTIN, ret. *Cl. sainte Opportune..*	17 Sept. 1745
* Noel BERT, anc. G. ret. *rue de Beaune.....*	22 Oct. 1745
* Jos. BATAILLE, anc. G. *M. sainte Genevieve.*	25 Oct. 1748
François BORDET, *Place de Gréve........*	8 Nov. 1748
Pierre BOURGEOIS, retiré, *rue Mouffetart..*	10 Oct. 1749
Pierre BERNON, retiré, *Fauxb. S. Jacques..*	3 Avril 1750
Louis BADOULLEAU, retiré, *rue de la Potterie.*	15 Janv. 1751
Guillaume BENARD, retiré, *rue Quincampoix.*	27 Août 1751
Jacques-Louis BARDIN, *M. sainte Genevieve.*	28 Avril 1752
Joseph-Nicolas BERTOU, *rue saint Denis...*	14 Août 1752
* Antoine BAUMÉ, *rue Coquillere..........*	27 Oct. 1752
Charles BORDEAUX, ret. *rue des Gravilliers..*	22 Déc. 1752
Jacques-François BEDEL, *rue de Reuilly....*	8 Nov. 1754
Pierre BLOT, *rue saint Victor............*	3 Oct. 1755
* Christophe BECQUERET, *rue de Condé....*	24 Oct. 1755

MESSIEURS.

B

Louis-Germ. BOULLÉ, ret. *rue ste Marguer*..	1 Oct. 1756
Louis-Edme-Jos. BINET, *aux Grands Dégrés*.	30 Déc. 1757
Charles BERNARD, *Fauxbourg saint Honoré*.	27 Janv. 1758
Jacques BAUDSON, *rue des Prouvaires*.....	21 Avril 1758
Jean-Marie BRIDAULT, *rue saint Antoine*...	4 Août 1758
François BAZIN, *rue de la Lanterne*........	10 Nov. 1758
Louis BAZIRE, retiré, *rue des Boucheries S. G.*	26 Janv. 1759
* Edme-Thomas BROCOT, *rue Montmartre*...	9 Mars 1759
Jean-Antoine BART, *rue Quincampoix*.....	22 Juin 1759
Ant. Louis BRONGNIART, *rue de la Harpe*..	17 Août 1759
Pierre-Claude BELLOT, *rue Montmartre*....	12 Déc. 1760
Joseph BRIZARD, retiré, *fauxb. saint Lazare*.	3 Juill. 1761
Louis BERRIER, *rue saint Martin*..........	18 Déc. 1761
Etienne BILLARD, *rue de la Mortellerie*.....	4 Juin 1762
Alexandre BUREAU, *rue des Lavandieres*....	12 Nov. 1762
Fr. Pierre-Auguste BARDIN, *rue de la Harpe*..	7 Oct. 1763
Jean Pierre BERNARD, *fauxb. Montmartre*..	25 Nov. 1763
Nicolas BELLIER, *rue saint Jacques*........	26 Oct. 1764
Charles-Saturnin BERNIER, *rue des Bouc. S. G.*	14 Déc. 1764
Charles-Antoine BACO, *rue Basfroy*.......	12 Avril 1765
Pierre BERTHELOT, *rue saint Martin*.....	14 Juin 1765
Louis-Ant. BUFFAULT, *rue S. Jacq. de la Bo.*	23 Août 1765
Jean Jacob BADOULLEAU, *rue S. Jacq. de la B.*	15 Nov. 1765
Pierre BRÉMENT, *rue Mazarine*..........	21 Fév. 1766

MESSIEURS.

B

Louis-Nicolas BOURJOT, *rue de la Comédie.*	11 Avril 1766.
Touſſaint BAGET, *rue des Gravilliers......*	2 Mai 1766.
Jean BOUZENOT, *rue des Gravilliers.......*	20 Juin 1766.
Etienne-Robert BAZIN, *rue ſaint Denis....*	18 Juill. 1766.
Pierre-Hyac. Alex. BLONDELU, *rue des Cord.*	1 Août 1766.
Jean BERNIER, *rue des deux Ecus.........*	10 Nov. 1766.
Pierre-Ant. BACHELIER, *rue des Pet. Auguſt.*	27 Fév. 1767.
Pierre-Et. René BOULLUMIER, *fauxb. S. J..*	27 Mars 1767.
Adrien-Joſeph BELLOT, *rue ſaint Denis....*	3 Juill. 1767.
*. Jean-Pierre BUISSON, *Marché neuf.......*	18 Déc. 1767.
Michel BELOT, *rue de l'Arbre ſec..........*	25 Fév. 1768.
*. Joſeph BAILLEAU, *rue ſaint Jacques.......*	26 Août 1769.
Touſſaint BIZARD, *rue Platriere...........*	16 Mars 1770.
Pierre-Antoine BEZANÇON, *rue du Temple..*	20 Juill. 1770.
Etienne-Paul BORDIER, *fauxb. S. Laurent..*	20 Juill. 1770.
Jean Guill. BESNARD, retiré, *rue des Gobelins.*	20 Juill. 1770
Charles BEROT, *rue de Charenton.........*	20 Juill. 1770.
Pierre BRUXELLE, *rue ſaint Antoine.......*	20 Juill. 1770
Jean-Martin BIGNON, *fauxb. Montmartre..*	3 Août 1770
Simon-Joſeph BASSELARD, *rue de la Monnoie.*	3 Août 1770
Etienne BELLART, *à Chaillot............*	9 Nov. 1770
Jean-Nicolas BREZILLON, *rue S. Chriſtophe.*	23 Nov. 1770
André BERNIER, *fauxbourg Montmartre....*	10 Déc. 1770
Henri-Gabriel BERTIN, *fauxb. S. Laurent..*	22 Fév. 1771

MESSIEURS.

B

Nic. Auguſtin BOULLANGER, *rue S. Denis*..	1 Mars 1771
Charlemagne-Félix BEJOT, non établi, *chez M. de la Voiepierre*....................	8 Mars 1771
Touſſaint BERANGER, *fauxb. S. Antoine*...	12 Avril 1771
Jacques-Louis BROU, *rue ſaint Martin*.....	7 Juin 1771
Jacq. Bart. BOUDET fils, non ét. *chez M. ſon Pere*.........................	7 Juin 1771
Fr. Léger BENARD, Pierre-Ant. BENARD, } *freres, rue ſaint Mart.*	7 Juin 1771
Guill. Fr. BENARD, Gaſpard BENARD, } *freres non ét. rue Bourtib.*	7 Juin 1771
Et. Hyac. BELLETANTE, *rue de Charenton*..	14 Juin 1771
Jean-Joſeph BAYART, *rue du Plâtre ſte Avoie.*	20 Mars 1772
Jean-Antoine BARON, *rue Aumaire*......	23 Oct. 1772
Louis BROTONNE, *rue de la Poterie*.......	30 Avril 1773
Dominique BEUZEVILLE, *rue S. G. l'Auxer*..	18 Juin 1773

C

CH. NIC. CLÉMENT, ret. *rue du Four S. G.*	21 Oct. 1718
Jérôme COUSIN, *rue ſaint Honoré*.........	11 Oct. 1720
P. Sam. CHENU, A. G. ret. *rue du Cim. S. A.*	25 Sept. 1722
Ant. Marie CHILHAUD, A. G. ret. *r. de Tourn.*	4 Août 1730
Charles CANEL, retiré, *rue de Beautreilly*...	7 Mars 1732
Claude-Franç. CESSAC, A. G. anc. Conſul, retiré à l'Inſtitution de l'Oratoire......	31 Août 1733

MESSIEURS.

C

Jacq. CHEVENY, retiré, *cloître sainte Opport.*	14 Mai 1734
Jean-Jacq. CARREY-VILLIERS, *rue S. Hon.* . .	8 Janv. 1740
Antoine COCHEPIN, *rue saint Martin*	3 Juin 1740
Charles COLLET, *rue de Sartine*	1 Juin 1742
Jean CHEVALIER, retiré, *rue des Prouvaires.*	7 Sept. 1742
Jean-René COLIN, ret. *rue du Monc. S. Gerv.*	7 Déc. 1742
Jacques-Philippe CHAPELLE, *rue Xaintonge.*	21 Juin 1743
Pierre-Louis CAMUS, *rue de Bourbon S. Ger.*	2 Août 1743
Louis CORNILLARD, *rue de Séve*	27 Sept. 1743
Nicolas COLIN, *rue des cinq Diamans*	26 Fév. 1745
Jérôme CHANDELLIER, *rue du Sépulcre*	5 Août 1746
Laurent COUSIN, *rue Neuve saint Martin* . . .	26 Juill. 1748
Nicolas-Pierre CAMUS, *rue saint Denis*	2 Août 1748
Franç. Alex. COLOMBEL, ret. *rue N. S. Lau.*	23 Mai 1749
* François COETTE, anc. Garde, *porte S. Jac.*	10 Juill. 1750
Jacques-Antoine CASTEL, *rue des cinq Diam.*	10 Juill. 1750
Jean-Joseph CHERVAIN, *rue Tiquetonne*	24 Déc. 1750
Jacques CHEREAU, retiré, *à Tours*	8 Janv. 1751
* Ad. Henri CHARAS, A. G. *rue des Bouc. S. G.*	28 Mai 1751
Claude CHARRIER, *place Maubert*	13 Oct. 1752
Pierre CAMUS, *rue des Lombards*	14 Déc. 1753
Philippe CHEREAU, *barriere des Gobelins*	23 Août 1754
Louis COULON, retiré, *rue Pierre-au-lard* . .	18 Juill. 1755
Pierre-Et. CAMUS, ret. *rue des Bouch. S. Ger.*	5 Sept. 1755

MESSIEURS.

C.

Jean-Baptiſte Chevalier, *rue ſaint Jacques.*	14 Nov. 1755
Charles Cosse, *rue ſaint Martin.........*	10 Sept 1756
Pierre Claye, *place Baudoyer............*	15 Avril 1757
Louis Sylvain Conte, *à la Croix rouge....*	2 Sept. 1757
Remi Claye, *rue Galande..............*	9 Déc. 1757
Jean-François Chiboust, *rue de Bretagne..*	30 Déc. 1757
Clau. Vinc. Chartier, *rue de Bourgog. S. G.*	2 Juin 1758
Pierre-Nicolas Caillou, *rue Mouffetard....*	11 Août 1758
Louis-Martin Charlard, *rue Baſſe S. Denis.*	17 Août 1759
Pierre-Nicolas Caillot, *rue Jacob........*	14 Sept. 1759
Nicolas Caffin, *cloître ſainte Opportune...*	8 Fév. 1760
Louis-Denis Chrétien, *rue Jean de Leſpine.*	20 Juin 1760
*. Nic. Franç. Clérambourg, *rue S. Honoré.*	1 Août 1760
Criſtop. Etienne Carelu, *rue des Gravilliers.*	10 Oct. 1760
Laurent Clément, *rue de la Poterie.......*	8 Mai 1761
Jean-Bapt. Louis Cotel, *rue de la Vrilliere..*	31 Juill. 1761
François Couet, *rue ſaint Jacques........*	4 Déc. 1761
Jean-Baptiſte Chahuet, *quai des Céleſtins..*	27 Août 1762
Pierre Camel, *rue de la Mortellerie........*	19 Nov. 1762
Charles Chervise, *rue de Baune..........*	10 Déc. 1762
Philippe Camus, *rue ſaint Martin........*	11 Mars 1763
Adrien-Antoine Cassel, *pont ſaint Michel..*	8 Juill. 1763
Claude-Etienne Cranney, *fauxb. du Temple.*	2 Déc. 1763
*. Charles-Franç. Chellé, *rue du Four S. G..*	25 Mai 1764

MESSIEURS.

C

Jean-Baptiſte CHEVALIER, *rue Mouffetard*..	1 Juin 1764
Pierre-Franç. CHARLARD, *rue Montorgueil*..	23 Nov. 1764
Jean-Baptiſte COLLAS, *rue Maubué*.......	8 Nov. 1765
Pierre CORNU, *fauxbourg ſaint Antoine*.....	15 Nov. 1765
Thom. Edme CHAMPAGNE, *rue de la Mortell.*	20 Déc. 1765
Henri CHARDON, ret. *rue de la Chanverrerie.*	10 Avril 1767
Jean-Baptiſte CHEVENY, *rue ſaint Sébaſtien.*	29 Mai 1767
Claude-Alexand. CAUSSIEN, *rue des Jardins.*	10 Juill. 1767
Cryſtophe CHERVISE, *rue Neuve ſaint Laur*..	10 Juill. 1767
François CLÉRAMBOURG, *rue des Angloiſes*..	28 Août 1767
Pierre-Félix CANNÉE, *rue ſainte Avoie*......	20 Juill. 1770
Jean-Fr. CUISINIER, *barriere ſaint Jacques*...	20 Juill. 1770
Jean COMPERE, *rue aux Ours*............	20 Juill. 1770
Claude-Gilbert CAQUET, *rue ſaint Victor*....	20 Juill. 1770
Charl. Fr. Urb. CHAPPERON, *rue des v. Thuil.*	20 Juill. 1770
Michel CHEVRIER, *rue du Verdbois*........	20 Juill. 1770
Jean-André CHAPELLE, *rue ſaint Victor*....	20 Juill. 1770
Gui-Jacques CERVENON, *rue S. Germ. l'Aux.*	3 Août 1770
Hugues CHOPART, *fauxbourg ſaint Denis*...	17 Août 1770
Philippe-Denis CHIQUET, *rue Montorgueil*..	7 Sept. 1770
Jean-Henri CABANIS, *rue de la Verrerie*.....	5 Oct. 1770
Alexis CLÉRAMBOURG, *rue Phelipeaux*.....	12 Oct. 1770
François CHALLE, *rue du Bac*............	14 Déc. 1770
Jacq. CARBONEL, *rue ſainte Croix de la Breto.*	8 Fév. 1771

MESSIEURS.

C

Louis-Ant. CASSEL, non ét. *chez M. Delondre.*	14 Juin 1771.
Louis-Patrice CAMEL, *rue de Seine S. Germ.*	3 Avril 1772.
Pierre-Simon CANTEL, *fauxbourg S. Antoine.*	21 Août 1772.
Jacq. CHAUVIN, non ét. *chez M. Delamotte*..	15 Janv. 1773.
Barthelemi CHOSSINON, *rue de la Huchette*..	25 Juin 1773.

D

PIERRE-LAUR. DESCAVES, ret. *rue d'Argent.*	13 Sept. 1720
Noël DELAVOIEPIERRE, ancien Garde, ancien Consul, retiré, *portail saint Eustache.*	1 Oct. 1723
Jean DELAMARRE, retiré, *rue saint Martin*..	25 Mai 1725
Jean-Bapt. DELELO, retiré, *rue du Perche*..	1 Juin 1725
Jean DOUAUD, *rue Mauconseil*...........	22 Déc. 1730
Antoine DUMOUTIER, retiré, *rue Quincamp.*	14 Sept. 1731
Mathurin-Jacques DE-DESSUS-LE-MOUTIER, Agent du Corps, au Bureau..........	14 Déc. 1731
René-Alexis-Greslier DELANOÉ, retiré, *rue de Séve*....................	20 Mai 1735
François DUVAL, retiré, *fauxb. S. Honoré*..	25 Janv. 1737
Laurent DUCOIN, *rue des Deux Ponts*.....	8 Nov. 1737
Jean DUFOUR, retiré, *rue des Déchargeurs*..	13 Déc. 1737
Ant. Marie DEBOURGE, A. G. *rue de Savoie.*	27 Mai 1740
Louis DELACOMBE, retiré, *rue des Bourdonn.*	19 Juill. 1740
Pierre-François-Delafuye DEJOVANVAL, *rue de la Juiverie*.....................	3 Fév. 1741

MESSIEURS.

D

François DUBOURG, *rue Froidmanteau*	14 Avril 1741
* Louis-Raimond DELARIVIERE, anc. Echevin, retiré, *rue de Richelieu*............	28 Avril 1741
Nicolas DESCOINGS, *rue des Boucheries S. G.*	16 Mars 1742
Robert DELORME, retiré, *rue de la Cossonne.*	20 Juill. 1742
Jean-Claude DUPRÉ, *Abbaye saint Germain..*	5 Oct. 1742
* Louis DEMORET, ancien Garde, anc. Consul, *rue saint Martin*..................	11 Janv. 1743
Jean-Jacques-Remi-Mordant DELAUNAY, *rue de Charonne*.....................	8 Fév. 1743
Claude-Vinc. DUVAL, *rue de la Vieille Monn.*	8 Fév. 1743
Etienne Jean DUVAL, retiré, *rue Meslée..*	19 Juill. 1743
Ant. Alex. DELAMARRE, ret. *rue du Temple.*	13 Déc. 1743
Jean DELAMOTTE, retiré, *rue Gren. S. Laz.*	17 Avril 1744
Pierre-Paul DELAGROUE, ret. *rue S. Victor..*	11 Sept. 1744
Léonard DANJOU, *rue des Récolets*........	5 Mars 1745
Pierre-Alexandre DEBENNE, *rue de Harlay..*	24 Sept. 1745
Jean DUSSAUX, *rue Vieille Draperie*.......	14 Juin 1748
Gabriel DEBESSE, *rue de Baune*..........	4 Oct. 1748
Louis-Picard DEBOUCACOURT, retiré, *rue de la Tixéranderie*................	8 Nov. 1748
Louis DELONDRE, *rue des Lombards*......	17 Janv. 1749
Charles-Dom. DUCHESNE, *rue saint Antoine.*	31 Janv. 1749
Martin DANNE, *rue saint Denis*...........	14 Mars 1749

MESSIEURS.

D

Jean-Gilb. DUSAUTOY, *dans S. Jean de Lat.*	18 Avril 1749
Charles DELAPLACE, *rue Trop-va-qui-dure*.	13 Juin 1749
André Philippe DANZEL, ret. *rue ſaint Germ. l'Auxerrois*..........................	27 Juin 1749
Pierre-Henri Péan DE SAINT-GILLES, ret. *rue & iſle ſaint Louis*..................	7 Nov. 1744
Nic. Noël DELAVOIEPIERRE fils, *portail ſaint Euſtache*.........................	2 Janv. 1750
François DUJARDIN, *rue de Séve*........	9 Janv. 1750
Jean-Baptiſte DUFOUR, retiré, *rue Phelypp*..	9 Janv. 1750
Nic. Robert DULAC, retiré, *rue ſaint Denis*.	15 Mai 1750
Gab. Claude DAUTIN, ret. *rue S. G. l'Auxer.*	15 Mai 1750
Eloi DAIX, *vieille rue du Temple*..........	11 Sept. 1750
Jacques DUSAUTOY, *marché Dagueſſeau*....	27 Nov. 1750
Joſ. Guill. DUPUIS, *rue du Four ſaint Honn.*	30 Juill. 1751
Nic. Eliſ. DESOUCHES, *rue Neuve ſaint Mart.*	27 Août 1751
Pierre DOINVILLE, *rue du Cherchemidi*.....	19 Nov. 1751
Denis DELAVOIEPIERRE, Grand Garde, *rue Grande Truanderie*..................	17 Déc. 1751
Daniel-François DE-DESSUS-LE-MOUSTIER, *rue du Petit-Bourbon*.................	31 Déc. 1751
Marin DELAMOTTE, *rue Gren. ſaint Lazare*.	7 Janv. 1752
Laurent-Ben. DECONCHY, *rue Gît-le Cœur*..	18 Août 1752
Louis DOMÉ, retiré, *rue de l'Ourſine*......	1 Déc. 1752

MESSIEURS,

D

* Charles-Philibert DESPREZ, Garde en Charge, *rue sainte Avoye*..................	31 Août 1753
Louis-Abraham-Lucas DELAVIGNE, *rue de la Jussienne*.........................	14 Déc. 1753
Henri DELAMARRE, *place saint Michel*....	25 Janv. 1754
Charles-Vulgis DELAGROUE, *rue saint Honn.*	22 Mars 1754
Jacq. Laur. DELAVILLE, *rue de l'Arbre sec.*	6 Juin 1755
Victor DEMACHY, *rue des Fossés S. G. l'Aux.*	20 Juin 1755
* Jacques-Christ. Valmont DEBOMARE, *rue de la Verrerie*.........................	22 Août 1755
Jérôme DAVRIL, *rue Montmartre*........	2 Avril 1756
Denis DHOMBRES, *rue des Prouvaires*......	23 Avril 1756
Charles-Olympe DESBORDEAUX, *rue de la Potterie, à la Halle*..................	9 Juill. 1756
Th. Nic. Jolivet DELAVERONNIERE, *rue Galande*.........................	1 Oct. 1756
Ant. Alexandre DEFOURCY, *rue saint Mart.*	15 Oct. 1756
Gasp. Simon-Fulgens DUCLOS, *rue Betizy*..	26 Nov. 1756
Simon-Laur. DEBAUVE, *rue de la Heaumer.*	17 Déc. 1756
Jacques-Saturnin DATHÉ, *rue saint Victor*...	1 Juill. 1757
Arnoult DUPONT, retiré, *rue Beaubourg*...	9 Sept. 1757
Pierre DELAÎTRE, *rue saint Martin*......	16 Sept. 1757
Vincent-Paul DOLIMIER, *rue de Gren. S. Hon.*	9 Déc. 1757
François DOINVILLE, *fauxbourg saint Mart.*	30 Déc. 1757

MESSIEURS.

D

Fortuné-Augustin DELUCCHY, *rue S. Denis.*	23 Juin 1758
Simon DEVELLENNE, *rue du Petit-Pont....*	1 Déc. 1758
Antoine DEMACHY, *rue saint Jacques......*	18 Mai 1759
Jean-Louis DELAGROUE, *rue des Deux Ponts.*	14 Sept. 1759
François DOUCET, *cour de la Bastille......*	7 Mars 1760
* Franç. Antoine-Guill. DELACOUR, *rue de la Barillerie.........................*	30 Mai 1760
Jean-Joseph DELAGRAVIERE, *rue S. Domin.*	13 Mars 1761
Adrien-Joseph DEPILE, *porte saint Michel..*	17 Avril 1761
Et. Franç. DALICANT, retiré, *rue saint Mart.*	8 Mai 1761
* Jean-Bapt. Philippe-Chauchon DEMINBERT, *rue Mouffetart.....................*	14 Août 1761
* Jacques-François DEMACHY, *rue du Bac...*	11 Sept. 1761
J. B. Joubin DESMARIERES, *porte saint Ant.*	16 Oct. 1761
Jean-Charles DELADREUE, *rue des Lombards.*	31 Déc. 1762
Charles DEROUVROY, *rue S. André des Arts.*	15 Avril 1763
Henri-François DANTHON, *rue de l'Oursine.*	5 Août 1763
Pierre DESCOINGS, *rue de la Clef........*	6 Juill. 1764
Louis-François DARNAULT, *rue Poissonniere.*	27 Juill. 1764
Pierre DUQUENEL, retiré, *rue Merciere....*	22 Fév. 1765
Jacq. le François DESCHAMPS, *place Maubert.*	22 Nov. 1765
Jean-Bapt. DELAVOIEPIERRE, *rue de Richel.*	13 Déc. 1765
Pierre DUMAS, non ét. *place saint Michel...*	21 Fév. 1766
Jean-Louis DUPUIS, *rue saint André des Arts.*	13 Juin 1766

MESSIEURS.

D

Nicolas-Denis DODIN, *rue de l'Université*...	17 Oct. 1766
Jean DUCLOS, *rue de Séve*..............	5 Déc. 1766
Adrien-Nicolas DANZEL, *rue S. Germ. l'Aux.*	12 Déc. 1766
Michel DUMAS, *rue saint Martin*.........	3 Avril 1767
Ignace-Nicolas DELAPORTE, *rue saint Denis*	29 Mai 1767
René DUTHUELL, *rue Greneta*..........	12 Juin 1767
Jean-Jacq. Pierre DOULHON, *rue de l'Oursine.*	3 Juill. 1767
François-Placide DEBUIGNY, *rue S. Barthel.*	10 Juill. 1767
Jean-Charles DELON, *rue des Lombards*...	10 Juill. 1767
Philippe DUCHOZAL; *fauxb. saint Laurent.*	10 Juill. 1767
Pierre-Jean-Jacques DUTFOY, *F. S. Honoré.*	2 Sept. 1767
Jacques DEBERNY, retiré, *à Amiens*......	2 Mars 1768
Nicolas DEBUSSY, *rue Mouffetart*........	20 Juill. 1770
Pierre François DEVAUX, *rue Montorgueil*..	20 Juill. 1770
Pierre DUMAY, *rue de Sartine*...........	20 Juill. 1770
Jacques DESMOULINS, *rue S. Jacq. de la Bo.*	20 Juill. 1770
Sulpice-Hildevert DUCHOZAL, *F. S. Denis.*	20 Juill. 1770
Laurent-Nic. DESBANS, *rue Vieille Bouclerie.*	20 Juill. 1770
Michel Nic. DUHAZÉ, retiré, *porte S. Jacq.*.	20 Juill. 1770
Henri DUVAL, *rue du Bon-Puits*.........	20 Juill. 1770
Nicolas DESAGES, *rue du Four saint Germ.*.	17 Août 1770
Antoine-Franç. DESRUES, *rue saint Victor*..	17 Août 1770
Louis-Charles DESACY, *rue du Temple*.....	17 Août 1770
Jac. Marc. Ant. D'AUBIGNY, *rue de la Caland.*	19 Oct. 1770

MESSIEURS.

D

Amable DURIN, *rue Taranne*..............	23 Nov. 1770
Guill. Nicolas-Joubin DESMARIERES, *vieille rue du Temple*......................	7 Déc. 1770
Louis-Jean-Bapt. DURU, *marché aux Poirées*.	7 Déc. 1770
Charles DELAPLACE fils, *rue des Lombards*.	22 Mars 1771
Hugues-Ambroiſe DUJARDIN, non-établi, *chez Madame ſa Mere*...............	5 Avril 1771
Auguſtin DEBOURGE fils, non-établi, *chez M. ſon Pere*......................	7 Juin 1771
Louis DELONDRE fils, non-établi, *chez M. ſon Pere*........................	13 Juin 1771
Vincent-Louis DUVAL fils, non-établi, *rue de la Vieille-Monnoie*...............	14 Juin 1771
Jacq. Ignace DELAPORTE, *rue N. S. Merry*..	14 Juin 1771
Dominique-Laurent-Thomas DIEUPART, *rue Michel-le-Comte*.................	9 Août 1771
Charles-Michel DARTOIS, *rue ſaint Martin*.	17 Août 1771
Pierre-Claude DUFOUR, *rue ſaint Barthelemy*.	22 Nov. 1771
François DUBOSC, *rue du Ponceau*........	24 Avril 1772
Daniel DARDELIÉ, *rue des Prouvaires*......	15 Mai 1772
Nicolas DÉYEUX, *rue du Four, à la Croix Rouge*...........................	26 Juin 1772
Louis DESRUES, *rue ſaint Denis*..........	17 Juill. 1772
Louis-Léon DETURMENYES, *rue des Lavand*.	20 Nov. 1772

MESSIEURS.

D

Henri DESMARQUETS, non-établi, *rue des Fossés saint Germain, chez M. Demachy*..	8 Déc. 1772
Jean DARAS, *rue saint Laurent*..........	7 Mai 1773
Jean-Joseph DELELO fils, *rue du Perche*....	9 Juill. 1773
Pierre DAVY, *fauxbourg saint Jacques*.....	5 Nov. 1773
Antoine la Coste DUMAUPAS, *rue de Verneuil.*	3 Déc. 1773

E

ANDRÉ EUSTACHE, *rue S. Louis au Marais.*	6 Sept. 1720
Simon-Pierre ESNAULT, *rue Traînée*......	13 Juill. 1736
François ETIENNE, *rue Coquilliere*........	25 Mai 1753
Ambroise-Ant. ESNAULT fils, *F. S. Honoré*..	17 Août 1759
Louis-Claude ESNAULT fils, *rue Frépillon*..	20 Juill. 1770
Jean-François ETIENNE fils, non établi, *chez M. son Pere*....................	14 Juin 1771

F

MARTIN FREMIN, retiré, *rue saint Martin.*	20 Déc. 1726
Sébastien FEUILLET, retiré, *rue de Jouy*...	7 Janv. 1729
Nicolas FOURNIER, retiré, *rue Thibautodé*..	22 Oct. 1734
Antoine FLEURY, retiré, *rue saint Denis*...	6 Sept. 1737
Pierre FATOU, retiré, *rue du Bac*........	8 Fév. 1743
Pierre FERRY, ancien Garde, retiré, *rue Michel-le-Comte*....................	27 Mars 1744
Jacq. Ant. FERRY, A. G. *rue Grande Truand.*	5 Fév. 1745
Jean-Claude FRARY, *rue de la Lune*......	21 Oct. 1746

MESSIEURS.

F

Louis-Joseph FROMENT DE LA MOTTE, ret. *rue Bordet*	17 Juill. 1750
François-Nicolas FAURE, *rue saint Antoine.*	16 Juill. 1751
Pierre Augustin FABVRE, *rue Montorgueil.*	15 Oct. 1751
Pierre FAVIER, *rue de la Vieille Draperie*	5 Juill. 1754
Maximilien FROMENT, *marché neuf*	30 Janv. 1756
Charles FORMAGER, *rue de la Chaise*	16 Sept. 1757
François FAMIN, *rue de la Cossonnerie*	17 Août 1759
Nicolas-François FATOU, *rue saint Martin*	3 Avril 1761
Toussaint FOURNIER, *rue saint Antoine*	28 Août 1761
J. B. Raoul FACIOT, *rue saint Denis*	28 Mai 1762
Nicolas FAROUL, *porte & fauxb. saint Mart.*	15 Oct. 1762
Marin FROMENT, *rue de la Verrerie*	15 Avril 1763
Claude-Jacques FRÉMIN, *rue saint Denis*	14 Oct. 1763
Nicolas-François FLEURY, *rue Mouffetart*	27 Avril 1764
Blaise FOLLIARD, *Cimetiere saint Jean*	4 Mai 1764
* George FOLOPE, *fauxb. saint Honoré*	8 Nov. 1765
Jean Joseph FRENOIRE, *rue de la Cossonner.*	14 Janv. 1766
Antoine-Joseph FAUQUET, *fauxb. saint Jacq.*	22 Août 1766
Louis-César FAMIN, *rue de la Cossonnerie*	10 Oct. 1766
Balthasar FILLION, *dans l'Abbaye S. Germ.*	7 Mars 1768
Jean-François-Eloi FALCON, *rue saint Mart.*	20 Juill. 1770
Jean-Charlemagne FOSSÉ, *marché aux Poirées.*	20 Juill. 1770
J. B. Firmin FLIÇOURT, *barriere de Séve*	20 Juill. 1770

D

MESSIEURS.

F

Claude-François FLOBERT, *fauxb. S. Lazare.*	17 Août 1770
Michel-François FEUILLET, *rue du Bac....*	12 Oct. 1770
* François FOURCY GAUDOIN, *rue aux Ours..*	31 Déc. 1770
Jacques FAURE, *rue du Ponceau..........*	25 Janv. 1771
Léonard FANON, *rue saint Martin.......*	21 Juin 1771
Gervais FALCON, *rue de Poitou..........*	10 Juill. 1772
Louis FRESNEAU, non établi, *chez M. Beau.*	18 Sept. 1772
Pierre FAMIN, *rue de la Cossonnerie.......*	18 Déc. 1772
Francois FRUSSOTTE, *rue Oblin.........*	2 Avril 1773
Hippolite FLEURY, *rue de Bussy..........*	2 Avril 1773
* Louis-Jacques FRANÇOIS, *rue de la Harpe..*	17 Sept. 1773

G

PIERRE GOUJON, ancien Garde, ancien Consul, retiré, *rue saint Antoine........*	7 Juin 1715
Jean GUIRAULT, retiré, *rue Mouffetard...*	1 Déc. 1719
Adrien GOUJON, retiré, *à Meaux........*	4 Oct. 1720
* Jean-Daniel GILLET, ancien Garde, Juge Consul en exercice, ancien Echevin, *rue des Lombards........................*	4 Oct. 1720
André GERMAIN, retiré, *rue des Deux Ponts.*	4 Déc. 1722
Julien GARNUCHOT-DUPLESSIS, *rue Phelyp.*	7 Mai 1734
Claude GAUTIER, *cour saint Martin.......*	6 Mai 1735
Antoine-Nicolas GOUJON, *place Maubert...*	14 Déc. 1736

MESSIEURS.

G

Louis-Joseph GOUFFÉ, ancien Garde, ret. *rue de la Barillerie*..................	9 Août 1737
Pierre GENISTI, retiré, *rue des Gravilliers*..	9 Août 1737
Jean-Louis GUIMONNEAU, *r. des pet. Champs.*	29 Nov. 1737
* Jean GUINDRE, Apoticaire de Madame la Dauphine, *à Versailles*...............	22 Août 1738
Charles GILLET, retiré, *rue Gaillon*......	26 Sept. 1738
François GABEAU, retiré, *rue de la Morteller*.	21 Août 1739
Pierre André GASTELLIER, *rue Bourglabbé*..	29 Avril 1740
Robert GAILLARD, *rue Mouffetart*.......	11 Août 1741
Robert GORAND, *rue des Prouvaires*.......	23 Nov. 1742
Pierre GOUJON, A. G. *rue de la Grande Truand.*	26 Juill. 1743
Robert-Jacq. GILLET, ret. *rue du Petit Rep.*	5 Mars 1745
Pierre GAILLARD, *rue des Noyers*.........	2 Juin 1747
Bernard-Alexandre GIBERT, *butte S. Roch*..	24 Janv. 1749
Jean-François GASTELLIER, retiré, *rue Salle au Comte*........................	2 Mai 1749
Jean-Jacques GOSSET pere, *rue du Hurpoix.*	5 Juin 1750
Charles-Louis GIRAULT, *rue Coquilliere*....	4 Sept. 1750
Anselme GRANDJEAN, *rue de la Mortellerie.*	14 Mai 1751
* Jacques-Antoine GORSE, retiré, *à Lyon*...	20 Nov. 1751
Jean GUILLMIN, *rue de Richelieu*..........	17 Mars 1752
François GUILBAUT, *rue Montmartre*.....	27 Avril 1753
Jean-Bapt. GOUJON, ret. *rue de la gr. Truand.*	22 Juin 1753

MESSIEURS.

G

François-Jacques Goria, *rue Mouffetard*...	11 Janv. 1754
Denis Godot, *rue Coquilliere*............	6 Fév. 1756
Louis-François Gordiere, *rue du Chantre*..	6 Août 1756
Pierre Gallet, *rue saint Honoré*.........	13 Août 1756
Jean Baptiste Guibout, *rue saint Antoine*..	12 Août 1757
Ambroise Goria, retiré, *rue des Noyers*....	30 Déc. 1757
Charles-François Gambier, *rue saint Paul*..	10 Mars 1758
Louis Gillet, *rue Neuve des Petits Champs*.	5 Mai 1758
Jean-Claude Gigot, *rue de Lape*.........	30 Juin 1758
Jacques-Martin Gosse, *rue de la gr. Truand*..	1 Sept. 1758
Jean-Michel Gouesmel, *rue Beauregard*...	9 Mars 1759
Antoine Guilliare, *rue de Séve*.........	4 Mai 1759
Louis Géré, *rue Montmartre*............	31 Août 1759
Guillaume Guillmin fils, non établi, *chez M. son Pere*....................	14 Sept. 1759
Louis-Claude Gérin, *rue de l'Oursine*.....	14 Sept. 1759
Pierre-Sébastien Gerbet, *cloître saint Merry*.	23 Nov. 1759
* Jean-Baptiste Gaultier, *à l'Orient*......	10 Juill. 1761
* Louis-Jacques Guiart, *fauxb. saint-Honoré*.	17 Juill. 1761
André Guyot, *fauxbourg saint Denis*......	18 Juin 1762
Joseph Gillier, *fauxbourg saint Martin*...	13 Août 1762
Julien Gohin, *fauxbourg saint Martin*.....	20 Août 1762
Jean-Bernard Geniés, *rue de la Poterie*.....	6 Juill. 1764
Louis Goupil, retiré, *rue de la Chanverrerie*.	17 Août 1764

MESSIEURS.

G

Pierre-Jean-Charles-Michel GOUPIL, *rue des Orties butte saint-Roch*..................	25 Oct. 1765.
Marc-Antoine GUÉRIN, *fauxb. saint Antoine*.	13 Déc. 1765.
Guillaume GROU, *fauxbourg saint Antoine*...	20 Déc. 1765.
Honoré GUILBERT, *rue des Lombards*.....	14 Mars 1766
Jean GIBERT, *rue de la Mortellerie*.......	30 Mai 1766
Jacq. Jér. GRIMART, *rue de Bourgogne S. G.*	13 Oct. 1766
Pierre GOSSE, *rue saint Louis au Marais*....	12 Déc. 1766
Etienne GRANDIN, *rue Phelypeaux*........	10 Juill. 1767
Thomas GILLIER, *fauxbourg saint Denis*..	10 Juill. 1767
Hugues GUY, *rue saint André des Arts*.....	2 Oct. 1767
Antoine GEORGET, *rue des vieux Augustins*..	19 Fév. 1768
Henri GUINOT, *rue du Four saint Germain*..	9 Juin 1769
Jean-Pierre Phil. GRANJAQUET, *rue des Prêc.*	20 Juill. 1770
Michel GILLET, *fontaine de Richelieu*.....	20 Juill. 1770
Claude-Alex. Jean GAILLARD, *rue du Temp.*	20 Juill. 1770
Jean-Louis GARNIER, *place Maubert*......	20 Juill. 1770
Mart. Denis GOSSET fils, *rue S. Louis au Pal.*	12 Oct. 1770
Jean-François GARNIRR, *échelle du Temple*..	22 Mars 1771
Franç. Athanase GORIA, *rue de Viarme*.....	5 Avril 1771
Alexandre GRIMART le jeune, *rue de Bourgogne saint Germain*...................	19 Avril 1771
Armand-Joseph GILLOT, *rue saint Honoré*.	7 Juin 1771
Honoré Domin. GUILBERT fils, *rue S. Hon.*	7 Juin 1771

MESSIEURS.

G

Pierre-François GASTELLIER fils, non étab. *chez M. son Pere, rue Bourglabbé*........	13 Juin 1771
Louis-Edme GORDIERE fils, non établi, *chez M. son Pere*...................	13 Juin 1771
Guill. Toussaint GODARD, *rue des Bouc. S. G.*	13 Juin 1771
Pierre-Léon GAULTIER, *rue S. Germ. l'Aux.*	20 Sept. 1771
Claude GUILMET, *fauxbourg du Temple*	28 Fév. 1772
Nicolas GILLET, absent, *rue S. G. l'Aux*..	2 Oct. 1772
Nicolas GILLET, *rue de Berry au Marais* ..	13 Nov. 1772
Louis GOU, *rue des Nonaindieres*.........	27 Nov. 1772
Nicolas GARNOT, *rue S. Germ. l'Auxerrois*..	19 Nov. 1773

H

JACQUES HENNIQUE, ancien Garde, ancien Juge Consul, ret. *rue du Petit-Bourbon S. G.*	12 Juill. 1720
François-René HATRY, A. G. *rue Comt. d'Art.*	20 Sept. 1720
* Jean-Charles HABERT, Apoticaire du Corps du Roi, *à Versailles*..................	11 Oct. 1720
Alexandre HOULLIER, ret. *rue des Ecouffes*..	23 Oct. 1722
Bon-Bénigne HOGARD, ret. *rue N. Ste Cath.*	2 Avril 1728
Jean-Pierre HATRY, *rue des Lombards*......	6 Mai 1735
Louis HOUDRY, *rue de Grenelle saint Honoré.*	4 Nov. 1735
Barthelemi HUBERT, ret. *rue Ste Marg. S. G.*	29 Avril 1737
Jacques-Philippe HERVIER, *rue Montmartre*.	5 Mai 1741
* Jean-François HÉRISSANT, *rue Notre Dame.*	3 Oct. 1749

MESSIEURS.

H

Jacques-Charles HENNIQUE, *rue de la Harpe*.	3 Avril 1750
Blaiſe HALINE, retiré, *rue ſaint Denis*....	3 Avril 1750
Jean-Baptiſte HIARD, *rue de la haute Vannerie*.	20 Août 1751
Charles HENOQUE, retiré, *rue gr. Truander*.	31 Dec. 1751
André-Nicolas HAMEL, ret. *quai de la Tourn*.	28 Janv. 1752
Pierre-René HATRY fils, non établi, *rue Comteſſe d'Artois*..................	29 Nov. 1754
François HAVET, *rue Jean Pain Mollet*.....	28 Janv. 1757
Denis-Jérôme HOUPIN, *rue Mazarine*......	11 Fév. 1757
Claude-Thomas HOCHET, *fauxb. S. Honoré*.	22 Avril 1757
Denis-Charles HATRY, retiré, *rue Villedot*..	30 Dec. 1757
Dieu-donné HORNET, retiré, *rue ſaint Denis*,	27 Juill. 1759
Claude-Bernard HEMERY, *porte S. Marceau*.	27 Juill. 1759
Paul Barth. HUBERT, *rue Ste. Marg. S. G*...	17 Août 1759
Jean Nicolas HIBERT, *rue Montmartre*.....	3 Oct. 1760
Bon-Simon HOGART, *rue S. Louis au Mar*.	13 Mars 1761
Jean-Bapt. HOUDART, *grande pinte de Bercy*.	17 Juill. 1761
Jean-Baptiſte HOUDET, *rue Mazarine*......	29 Oct. 1762
Nicolas HOCHON, *rue Trouſſevache*........	10 Juin 1763
Louis HÉRIVAULT, *rue du Mail*..........	21 Oct. 1763
Charles-Phil. HÉQUET, *rue du Marché Palu*..	1 Fév. 1765
François HÉLYE, *rue Montmartre*........	22 Mars 1765
Antoine-Philippe HUBAUT, *rue de Buſſy*...	18 Oct. 1765
Pierre-Jacques HUGOT, ret. *rue Quincamp*.	25 Oct. 1765

MESSIEURS.

H

Georges Huppin, *rue saint Martin*........	7 Nov. 1766
Nic. Alphonse Hénault, *fauxb. S. Honoré.*	11 Sept. 1767
Antoine Hervy, *place Maubert*...........	20 Juill. 1770
Jean Hautefeuil, *rue de Baune*.........	20 Juill. 1770
Jean-Bapt. Nic. Hemery, *rue de Séve*.....	3 Août 1770
François Hennequin, *rue Poissonniere*.....	31 Août 1770
Jérome-Bernard Havard, *rue de la Roquette.*	9 Nov. 1770
Jean-Bapt. Hervais, *rue des mauv. Garçons.*	17 Déc. 1770
Jacques-François Husson, *rue Mêlée*......	1 Mars 1771
Jean-Baptiste Hiard fils, non établi *chez M. son Pere*..............................	7 Juin 1771
Gilbert Hautefeuil, *à la Croix Rouge*...	13 Juin 1771
Claude Jean Hatry fils, non établi, *chez M. son Pere, rue des Lombards*.........	13 Juin 1771
Ch. Jean Houdoin, non ét. *chez M. Devaux.*	21 Juin 1771
Jean Claude Havard, *rue Quincampoix*...	13 Sept. 1771
Raoul Haneau, non établi, *au Puit d'Amour.*	27 Nov. 1772
Jean-Et. Houdart fils, *rue de Montreuil*...	14 Mai 1773
Jacq. Ch. Happeaux, *rue Cr. des Pet. Champs.*	1 Oct. 1773

I

Chrystophe Issenard, ret. *porte S. Jacq.*	3 Fév. 1713

J

Jean-François Jard, ancien Garde, *Vieille rue du Temple*..................	9 Déc. 1729

MESSIEURS.

J

Franç. Gille JAULLAIN, retiré, *sur l'Estrapa.*	26 Août 1735
Louis-Charlem. JOURDAIN, *rue Montmartre.*	8 Fév. 1743
* Balthasar JULLIOT, A. G. *rue Ste Marg. S. G.*	4 Déc. 1744
Nicolas-Remi JARRY, ret. *fauxb. saint Mart.*	15 Juill. 1757
Claude-Etienne JEANGRON, ret. *rue Mouffet.*	19 Août 1757
Louis JOSSE, *fauxbourg saint Denis*........	18 Avril 1758
Jean Bapt. JOUANIN, *rue des Lombards*....	17 Août 1759
Jean-Pierre-Henri JAMART, *vis-à-vis les Gobel.*	10 Juill. 1761
Pierre-Claude JOSSE, *rue de Condé*........	28 Déc. 1761
Martin JOSSE, *rue des Cinq Diamans*.......	28 Mai 1762
Jean-François JARD fils, *vieille rue du Temp.*	23 Déc. 1763
Christ. Philib. JAUVIN, ret. *à la nouv. Halle.*	10 Mai 1765
André JOBART, *rue de la Lanterne*........	15 Nov. 1765
Charles-Nicolas JANNOT, *à la Croix Faubin.*	3 Août 1770
Pierre JEANNE, *rue Bordet*...............	29 Nov. 1771
Michel-Philibert-Alexandre JUNOT, *rue S. Jacques de la Boucherie*...............	30 Oct. 1772
Jean-Bapt. JOURDAN, *rue saint Antoine*....	5 Nov. 1773

K

LOUIS KOPPE, *rue S. Hon. à côté de S. Roch.*	18 Déc. 1772

L

JEAN LEGOLF, retiré, *rue de Braque*......	8 Mai 1722
Georges LORMIER, *rue de Seine*...........	22 Oct. 1728
Charles LEROMAIN, retiré, *rue des Prouv*..	2 Juin 1730

E

MESSIEURS.

L

Jean-Pierre LEGRAND, ret. *rue des Prêt. S. P.*	18 Janv. 1732
Jacques LABBÉ, *quai saint Paul*..........	11 Juill. 1732
* Pierre LEBEL, A. G. anc. Consul, *rue S. Ant.*	28 Oct. 1733
Christophe-Denis LUCAS, ret. *rue des Prouv.*	24 Sept. 1734
Antoine LEFEVRE, ret. *rue Mouffetart*.....	22 Oct. 1734
Charles LECOURT, retiré, *rue des Ecouffes*..	19 Sept. 1738
Denis-Claude LOYSEAU, ret. *rue saint Ant.*	9 Janv. 1739
Guill. Th. LEFEVRE, ret. *rue des Fossés S. G.*	13 Mars 1739
Ant. Jos. LORIN, A. G. *rue Montmartre*...	10 Juill. 1739
Pierre-Louis LECONTE, A. G. retiré, *cloître saint Merry*........................	10 Juill. 1739
Charles LAMOUCHE, retiré, *rue saint Denis.*	25 Sept 1739
Ch. Prothais LEBLANC, ret. *rue de la Harpe.*	5 Mai 1741
Jean Ant. LANGE, retiré, *rue des Moineaux.*	28 Juill. 1741
Robert L'EGUILLER, *rue des Lombards*....	1 Juin 1742
Etienne LOYSET, ret. *cloître sainte Opport*..	16 Nov. 1742
Benoît LENOIRE, *rue des Lombards*.......	14 Déc. 1742
Michel-Sébast. LEVIEIL, ret. *rue des Lomb.*.	11 Janv. 1743
Charles LABBÉ, *place de Grêve*..........	25 Janv. 1743
Philibert LECLERC, *rue de la Harpe*......	8 Fév. 1743
Pierre LESAGE, *rue Guérin-Boisseau*.......	19 Juill. 1743
Pierre LEMIRE, ret. *rue saint Antoine*.....	19 Juill. 1743
Jean-Bapt. Jacq. LEPRINCE, *rue Dauphine*..	29 Nov. 1743
Louis-Simon-Ch. LESUEUR, *rue du Four S. G.*	13 Déc. 1743

MESSIEURS.

L

Antoine LECAT, *fauxbourg ſaint Victor*....	24 Janv. 1744
Pierre-Gaſton LAFORGE, ret. *fauxb. du Temp.*	28 Fév. 1744
Pierre LANGE, *rue du Petit-Pont*.........	7 Oct. 1746
François LEGUAY, *rue de Charenton*......	2 Déc. 1746
* Etienne LAPIERRE, A. G. *rue ſaint Antoine*.	28 Juill. 1747
François LUCOT, *rue des Cordeliers*.......	1 Sept. 1747
François LESIEUR, ret. *rue de la Bûcherie*..	27 Oct. 1747
Léger LIQUET, *rue des Lombards*........	19 Juill. 1748
Philippe-Nic. LEMOINE, *rue des Lombards*.	26 Juill. 1748
Louis LEROUX, *rue Traînée*.............	6 Sept. 1748
Pierre André LECLAIR, *rue du Four S. G.*.	4 Juill. 1749
Joachim LARSONNEUR, *ſur le pont Marie*...	5 Déc. 1749
Franç. Louis LEBRASSEUR, *rue de l'Arbre ſec.*	10 Juill. 1750
François-Joſeph LESEUR, *marché aux Poirées.*	4 Sept. 1750
Jean LECLERC, *rue de Bretagne*..........	27 Nov. 1750
Charles L'HUISSIER, retiré, *rue Charlot*...	8 Janv. 1751
Antoine LAMY, *rue ſaint Denis*..........	18 Août 1752
* Louis-Guill. LABORIE, Garde en Charge, *rue ſaint Antoine*...................	6 Oct. 1752
Paul LARSONNIER, anc. Echevin, retiré, *rue Quincampoix*...................	6 Oct. 1752
Pierre-Jacques LEMASSON, *rue ſaint Denis*.	20 Oct. 1752
Nicolas-Charles LACLEF, retiré, *rue Meſlée.*	16 Fév. 1753
Pierre LEBASTIER, *rue Bourglabbé*........	16 Mars 1753

MESSIEURS.

L.

André-Pierre LUZIN, *rue Beaubourg*......	23 Mars 1753
Louis LEPROUST, *rue des Marmouzets*.....	18 Mai 1753
Pierre LESGUILLER, *rue saint Martin*.....	17 Août 1753
Nicolas LONGUET, *butte saint Roch*.......	31 Août 1753
Jean-Charles LACOSTE, *porte saint Martin*.	7 Sept. 1753
Louis-Denis LARCENA, *rue saint Sauveur*..	25 Janv. 1754
Ch. Nic. LAUMONNIER, *rue Aubry-le Bouch.*	11 Avril 1755
Nicolas LECLERC, retiré, *rue de Sartine*...	16 Mai 1755
Nicolas LECOCQ, *rue & isle saint Louis*....	11 Juill. 1755
Louis LENORMAND, *rue Montmartre*......	26 Mars 1756
Pierre LIQUET, *rue des Lombards*.........	11 Juin 1756
Jean-Bapt. LEGUAY, *sous les Pilliers d'Etaim.*	6 Août 1756
Simon LEBRETON, ret. *rue Quincampoix*...	29 Avril 1757
Pierre-Martin LEGUILLIER, *rue des Lomb*..	16 Déc. 1757
* Henri-Noël LEPIN, ret. *rue des Lombards*..	31 Mars 1758
* François-Amédée LAPIERRE, *rue Montmart.*	2 Juin 1758
Louis LIOT, *à la Croix Rouge*...........	21 Juill. 1758
* Pierre LEBEL fils, *rue du Petit-Lion S. G*..	27 Oct. 1758
Louis LECLERC, *rue saint Denis*........	17 Nov. 1758
Jean LATTEUX, *place Baudoyer*..........	29 Mars 1759
Louis-Nic. LOBLIGEOIS, *rue de la Chanverr.*	17 Août 1759
Jacques LAMBOT, *rue Comtesse d'Artois*....	17 Août 1759
Martin LOISSELEUR, *rue Beaubourg*.......	31 Août 1759
Jean-Bapt. Fidel LEROUX, *rue Montmartre*.	14 Sept. 1759

MESSIEURS.

L

François-Augustin LORIN, ret. *rue S. Hon..*	14 Sept. 1759
Charles LEGUILLER fils, non ét. *rue des Lomb.*	14 Sept. 1759
Charles-Joseph LORIN, *rue du Temple.....*	14 Sept. 1759
Jean-Louis LHOMME, *rue du Four S. Germ..*	12 Sept. 1760
Charles LEBŒUF, *rue saint Merry........*	19 Déc. 1760
Louis LACROIX, ret. *rue de Viarme.......*	10 Juill. 1761
Pierre LEROY, *barriere sainte Anne.......*	28 Août 1761
Pierre-Cyprien LEFOURNIER, *rue Aubry-le-B.*	11 Juin 1762
Jean LEGOY, *fauxbourg saint Jacques.......*	1 Oct. 1762
Jean LEBRUN, *rue Dauphine.............*	12 Nov. 1762
Nicolas LEMAÎTRE, *à Gennevilliers........*	12 Nov. 1762
Gabriel LEVILLAIN, *rue d'Anjou, fauxb. S. H.*	8 Avril 1763
Jean-Baptiste LACLEF, *rue Mêlée........*	15 Avril 1763
Michel LADAINTE, *rue saint Martin.......*	9 Sept. 1763
Louis-Marc-Antoine LEFÉVRE, retiré, *rue des Deux Ecus....................*	16 Sept. 1763
Pierre-Amand LESGUILLETTE, *rue des Barr.*	15 Nov. 1763
François LECLERC, *fauxbourg saint Laurent..*	13 Janv. 1764
* Auguste-Jean-Pierre LEMAIRE, *rue S. Denis.*	6 Juill. 1764
Pierre-Marie LEGUAY, *rue Planche Mibray..*	23 Août 1765
Franç. Charles-Etienne LIGNY, *rue Ferou...*	6 Sept. 1765
* Nicolas-Marie LAÎNÉ, *place Maubert......*	11 Oct. 1765
* Bernard LAURON, *rue Neuve des Pet. Champs.*	8 Nov. 1765
Prothais-Nicolas LEBLANC, *rue saint Martin.*	21 Fév. 1766

MESSIEURS.

L

Etienne-Joſeph LADAINTE, *rue ſaint Domin.*	21 Fév. 1766
Jean-Baptiſte LETELLIER, *vieille rue du Temp.*	1 Août 1766
Pierre LAMY, *fauxbourg Montmartre*.......	14 Nov. 1766
Jean LEVASSEUR, *fauxbourg ſaint Denis*....	28 Nov. 1766
Hildevert-Ch. Maſſé LAPLAINE, *rue de Cléry.*	19 Déc. 1766
Jacques LEVESQUE, *rue de la Barillerie*.....	10 Avril 1767
Nicolas-Joſeph LAVOISIER, *rue ſaint Antoine.*	15 Mai 1767
Gilles-René LEMOINE, *fauxbourg ſaint Honn.*	10 Juill. 1767
Sulpice-Antoine LEFÉVRE, *rue Mouffetard*..	11 Sept. 1767
* Claude-Nicolas LEBRUN, *rue de Gren. S. G*..	20 Nov. 1767
Claude-Etienne LENOIR, *rue S. Germ. l'Aux.*	6 Oct. 1769
Jacques LEMONNIER, *au Mont ſaint Hilaire*..	20 Juill. 1770
Alexandre-Nicolas-René Théodore LEGENDRE, *porte ſaint Antoine*...............	20 Juill. 1770
Jean LETELLIER, *rue Mondétour*.........	3 Août 1770
Jean LAFAYE, *rue Plâtriere*..............	14 Sept. 1770
Ambroiſe LAURENT, *rue de Fourcy*........	28 Sept. 1770
Jean LAVALLÉE, *porte Montmartre*........	28 Sept. 1770
Jean-Thomas LEMASLE, *rue ſaint Victor*....	12 Oct. 1770
Ant. Franç. Charles LOTH, *rue des Foureurs.*	19 Oct. 1770
Pierre-Charles LORMIER fils non établi, *rue de Seine*..........................	23 Nov. 1770
François LIOR, *rue ſaint Thomas du Louvre*..	7 Déc. 1770
Louis LEMAIRE, *rue ſaint Denis*..........	10 Déc. 1770

MESSIEURS.

L

Pierre LECLAIR fils non ét. *rue du Four S. G.*	15 Déc. 1770
Jean-Bapt. LOHIER, *rue ſaint André des Arts.*	15 Déc. 1770
Jacques-Etienne LEFÉVRE, *rue Montorgueil.*	1 Mars 1771
Edme-Charles LECUYER, *rue des Juifs*	1 Mars 1771
Marthe-Antoine LORIN fils, non établi, *chez M. ſon Pere*..........................	27 Mars 1771
Pierre LECOURT, *rue des Canettes*........	7 Juin 1771
Henry LAMY, *rue ſaint Martin*...........	14 Juin 1771
Jacques-Claude LENOIRE fils, non établi, *rue des Lombards*..................	14 Juin 1771
François LAFAYE, *rue Mouffetard*.........	12 Juill. 1771
Louis-François LESGUILLETTE, *fau. S. Jac.*	23 Août 1771
Nicolas LAURENT, *rue ſaint Denis*........	3 Avril 1772
Pierre Etienne LAFORGE, *rue ſaint Honoré*..	12 Juin 1772
Blaiſe LAUGIER, *rue Bourglabbé*.........	31 Juill. 1772
Martin LOIR, *rue de la Verrerie*............	7 Août 1772
Antoine LAVAUX, *fauxbourg ſaint Antoine*..	23 Oct. 1772
Louis-Vincent LOYSEAU, *aux Petits Carreaux.*	15 Janv. 1773
Jérôme LOMBARD, *rue ſaint Bon*..........	29 Janv. 1773
François LOMBARD DEMITTAU, *rue Quincam.*	12 Mars 1773
François LELOUP, *rue Mouffetard*.........	30 Avril 1773
Robert LIETOUT, *rue du Temple, Hôtel Montbas*..........................	28 Mai 1773
Jean-Joachim LARSONNEUR, *fauxb. St Mart.*	10 Déc. 1773

MESSIEURS.

M

CLAUDE MORAIN, retiré, *rue du Bac*....	9 Août 1715
Nicolas MICHELIN, retiré, *rue Charlot*....	3 Mai 1720
* Claude-François MOREL, *à la Croix Rouge*..	31 Juill. 1722
François-Louis MARION DESLANDRIS, ret. *rue sainte Anne*....................	18 Déc. 1722
Michel MANCEAU, retiré, *place Maubert*....	11 Août 1730
Pierre MILLOT, ancien Garde, ancien Consul, retiré, *rue Salle-au-Comte*.........	22 Août 1732
Guill. Laurent MOREL, ret. *rue de la Ferronn.*	29 Mai 1733
Nicolas MUIRON, retiré, *rue Hautefeuille*...	5 Nov. 1734
François-Louis MASSON, ret. *rue de Moussy*..	25 Janv. 1737
Claude-Germain MESSIER, retiré, *rue saint Bernard, fauxbourg saint Antoine*........	23 Août 1737
Guillaume MOUETTE, retiré, *rue Mouffetard*.	10 Janv. 1738
Louis-François MINARD, *rue Neuve Luxemb.*	3 Juill. 1739
Louis MESLIN, *rue Neuve des Petits Champs*..	23 Oct. 1739
Jac. Remy MÉTAS, ret. *rue d'Orléans S. Mart.*	21 Oct. 1740
Nicolas MARSAULT, retiré, *rue saint Honoré.*	22 Juin 1742
Louis MARIÉ, retiré, *rue des Nonaindieres*..	8 Fév. 1743
Louis MOULLÉ, *rue saint Honoré*.........	22 Juin 1743
Louis MASSON, retiré, *rue de la Juiverie*..	23 Août 1743
Paul MESNIL, retiré, *rue du Petit Carreau*..	6 Sept. 1743
Charles-Nic. MOREL, ret. *rue de l'Arbre sec.*	13 Sept. 1743
* Jean-Fr. MAYOL, A. G. *rue de la Juiverie*..	27 Mars 1744

MESSIEURS.

M

François-Joſeph MALPEYRE, *fauxb. S. Ant.*	10 Déc. 1745
Pierre-François MALIN, ret. *rue de Buſſy...*	31 Mai 1748
Henri MOREL, *place Dauphine...........*	20 Sept. 1748
Jean-Marie MAUGIRARD, retiré, *à Séve...*	27 Juin 1749
Charles MICHELIN, *près les Capucines......*	7 Nov. 1750
Pierre-Nicolas MOQUET, *rue de la Savonn.*	9 Fév. 1753
Maurice MÉNANT, *rue ſaint Honoré......*	18 Janv. 1754
Pierre MESNIDRIEUX, *rue vieille Bouclerie..*	1 Fév. 1754
Jean-Philippe MASSON, *rue ſaint Paul......*	10 Janv. 1755
Barthelemi MOREAU, *rue ſaint Denis......*	16 Mai 1755
Nicolas-François MAROT, *fauxb. ſaint Ant..*	13 Juin 1755
Jean MILLET, *rue du Sentier.............*	27 Juin 1755
Etienne MILLOT, *rue ſaint Jacques.......*	8 Août 1755
Louis MESLIN fils, non ét. *chez M. ſon Pere.*	19 Déc. 1755
Pierre MIGNOT, *rue Aumaire............*	19 Déc. 1755
Pierre MICHEL, retiré, *à l'Eſtrapade......*	3 Déc. 1756
Jean-Baptiſte MAUCLERC, *rue Quincampoix.*	8 Janv. 1757
Claude MORTIER, *rue du Bac...........*	18 Nov. 1757
Jacques MAISSE, *rue ſaint Severin.........*	13 Sept. 1758
Nic. Marie MOULLÉ fils, non ét. *rue S. Hon.*	14 Sept. 1759
Claude MADOT, *rue ſaint Victor.........*	12 Oct. 1759
Charles MOREL, *au Puits Certain.........*	5 Déc. 1760
Pierre-Fr. MARTINET, *rue Pavée ſaint Sauv.*	24 Avril 1761
Pierre-François MITOUART, *rue de Baune..*	11 Sept. 1761

MESSIEURS.

M

Nicolas-Joſeph MASSÉ, *rue des Lombards*..	6 Nov. 1761
Clair MAITRE, *rue Montmartre*..........	18 Déc. 1761
* Martin MARIN, *rue ſaint André des Arts*....	12 Fév. 1762
Louis-Dominique MANGIN, *au Gros Caillou*.	14 Janv. 1763
Louis MAILLARD, *montagne ſainte Genevieve*.	12 Août 1763
Laurent MOREL, *rue des Arcis*...........	26 Août 1763
Louis MONNOT, *rue des Lombards*........	13 Janv. 1764
Charles MOCQUET, *rue de l'Arbre ſec*.......	3 Fév. 1764
Jacques MABILE, *fauxb. ſaint Jacques*.....	16 Nov. 1764
Joſeph-Jacques MAUSSE, *rue ſaint Denis*...	23 Nov. 1764
Jean-Baptiſte MONCELET, *rue de Séve*.....	8 Fév. 1765
Michel MASSON, ret. *fauxbourg ſaint Laurent*.	15 Mars 1765
Claude-Romain MALIDE, ret. *rue du Cygne*.	22 Mars 1765
Jean-Guill. MIGNAN, non ét. *rue S. Martin*.	29 Nov. 1765
Pierre MALINGRE, *rue de la Tixéranderie*...	12 Sept. 1766
* Germ. Emmanuel MERCERON, *rue des Prouv*.	21 Nov. 1766
Pierre Nicolas MILLET, *rue Betizy*........	10 Juill. 1767
Jean-Louis MOULLÉ, *rue du Four S. Germ*..	10 Juill. 1767
Achille-Pierre-Louis MOREAU, *rue de Bercy ſaint Antoine*......................	10 Juill. 1767
Louis-Benoît MINARD fils, *rue de la Tixérand*.	26 Fév. 1768
François MOUSSU, *rue Beaub. Hôtel de Ferre*..	27 Avril 1770
Pierre MOUETTE, *rue Mouffetart*.........	20 Juill. 1770
Hyacinthe MARAIS, *rue ſaint Jacques*......	20 Juill. 1770

MESSIEURS.

M

Nicolas-Philippe MORIN, *rue ſaint Antoine.*	3 Août 1770
Jean-Nic. MICHEL, *rue de la Parcheminerie.*	28 Sept. 1770
Nicolas-Urbain MABIRE, *au Gros Caillou...*	19 Oct. 1770
Chriſtophe Fr. Simon MAVRÉ, *F. S. Martin.*	23 Nov. 1770
Claude Et. MILLIERE, *rue des Marmouzets.*	22 Mars 1771
Pierre-Paul MESNIL fils, *aux Pet. Carreaux.*	22 Mars 1771
Pierre Jean-Fr. MALPEYRE, non établi, *chez M. Richard.........................*	5 Avril 1771
Bernard François MALPEYRE fils, non ét. *chez M. ſon Pere...................*	5 Avril 1771
Pierre-Nicolas MOQUET fils, non établi, *chez M. ſon Pere........................*	7 Juin 1771
Pierre MARE, *rue de Gêvres.............*	7 Juin 1771
Fr. Ant. Bernard MOQUET, *fauxb. S. Ant...*	7 Juin 1771
Louis-Ch. Nic. MARIE, *rue de la Ferronner.*	13 Juin 1771
Claude-Louis MÉRAT, *rue S. André des Arts.*	9 Août 1771
Pierre Jean Ch. MONÉE, *fauxbourg S. Ant..*	13 Déc. 1771
Louis MESNIL fils, non ét. *chez M. Jourdain.*	27 Nov. 1772
Claude-Jean MOREL, *rue de l'Ourſine.....*	29 Mai 1772
Pierre MOUSSU fils, *rue du Four S. Germain.*	13 Août 1773
Germain MÉNARD, *montagne ſainte Genevieve.*	8 Oct. 1773

N

CHARLES-RENÉ NEUVEU l'aîné, retiré, *à Scipion...........................*	13 Mars 1733

MESSIEURS.

N

Charles-René NEUVEU le jeune, retiré, *rue de la Comédie*	1 Déc. 1736
Charles-François NEVEU, *porte ſaint Jacq* ..	19 Juin 1739
Joſeph NORBLIN, retiré, *rue Frépillon*	20 Fév. 1756
Denis-Etienne NADOT, *rue de Séve*	9 Juill. 1756
Jean NEYRON, *rue ſaint Antoine*	22 Oct. 1756
Joſeph NOIZET, *rue ſaint Honoré*	15 Sept. 1758
Pierre Denis NADOT, *rue ſaint Eloy*.......	16 Janv. 1761
Alexis NEVEU, *rue de la Calandre*.........	13 Juin 1771
Louis NÉEL, *fauxbourg ſaint Antoine*......	28 Août 1772

O

CLAUDE ORRIENT, retiré, *rue ſainte Croix de la Bretonnerie*	12 Nov. 1734
Jacques OLLIVIER, *fauxbourg ſaint Honoré*.	4 Juin 1751
Michel Georges OLLIVIER, ret. *rue des Prouv.*	17 Déc. 1751
Charles ORRY, *rue des Prouvaires*........	31 Mars 1758
Jean-Bapt. OBRY, *montagne ſainte Genevieve*.	19 Déc. 1760
Charles ORRIEUX, *fauxb. ſaint Denis*.....	13 Août 1762
Antoine-Auguſtin OBRY, *rue Dauphine*.....	21 Fév. 1766

P

ADRIEN PERCHERON, ret. *rue S. Martin*.	13 Juill. 1714
Louis-Charlemagne PETIT, Doyen, ancien Conſul, retiré, *rue des Fontaines*	29 Juill. 1718
Ant. René POULLAIN, Doyen, *échelle du Temp.*	3 Mai 1720

MESSIEURS.

P

* Claude PIA, ancien Garde, anc. Consul, ret. *rue des Boucheries saint Germain*......	26 Juill. 1720
Pierre-Ollivier PASSAVANT, *fauxb. S. Mart.*	25 Oct. 1720
Nicolas POITEVIN, retiré, *rue Mouffetart*...	27 Nov. 1722
Etienne PETIT, retiré, *rue Poissonniere*.....	5 Mai 1724
Louis PECQUET, retiré, *à Versailles*.......	19 Mai 1730
Joseph PAULMIER, ret. *rue du marché Palu*.	12 Janv. 1731
Jean POCHET, A. G. ret. *rue des Fossés Mo*.	16 Fév. 1731 R.
Jean PELLETIER, ret. *cul-de-sac Pequay*...	4 Juill. 1732
Etienne PARISEL, ret. *rue saint Denis*......	7 Août 1733
Nicolas PERSON, retiré, *fauxb. saint Ant*..	22 Oct. 1734
Nicolas PORCHER, *rue S. Thom. du Louvre*..	14 Avril 1735
François PAPIN, ret. *rue du Four saint Germ*.	13 Janv. 1736
Nicolas PARIGAULT, *rue du Vieil Colombier*..	11 Janv. 1737
Denis PETIT, ret. *rue de la Verrerie*.......	14 Août 1739
Charles PLUVINET, A. G. *rue des Lombards*.	26 Juill. 1743
Germ. Simon PICHARD, ret. *rue des Nonaind*.	23 Août 1743
* Philippe-Nicolas PIA, A. G. anc. Echevin, ret. *rue des Grands-August. Hôtel S. Cyr*..	13 Mars 1744
* Georges PICARD, *rue saint Honoré*........	17 Juill. 1744
Pierre POUPLIN pere, ret. *rue N. S. Laurent*.	17 Juill. 1744
Jacques PORTEBLED, Garde en Charge, *rue Comtesse d'Artois*.................	3 Déc. 1745
Charles PREMIA, ret. *rue Honoré Chevalier*..	10 Déc. 1745

MESSIEURS.

P

Jean-Ambroiſe PILLON, retiré, à *Belleville*.	6 Oct. 1747
Ant. Charles-Michel POULTIER, *rue S. Hon.*	17 Oct. 1749
Chriſtophe PAUPIERRE, *rue ſaint Martin*...	20 Fév. 1750
Jean PROVOST, *rue de la Comédie*.........	7 Mai 1751
Auguſtin-Charles PETIT, *rue Quincampoix*.	17 Déc. 1751
Jean-Pierre PREVÔT, *enclos des Quinze-Vingts*.	30 Juin 1752
Antoine PERCHERON, *rue des Tournelles*....	17 Nov. 1752
André-Thomas PYOT DE NONDESIR, ret. *rue de Montmorency*..................	18 Janv. 1754
Nicolas-Claude PICART, Garde en Charge, *rue ſaint André des Arts*...............	8 Mai 1754
Jacques-Denis PIÉBOT, *rue Montmartre*...	19 Avril 1754
Nicolas PREVOST, *rue ſaint Antoine*.......	30 Janv. 1756
Louis PICARD, retiré, *à la Campagne*.....	14 Mai 1756
François PECQUET, *fauxbourg ſaint Jacques*.	18 Juin 1756
Louis POITEVIN, *rue ſaint Martin*.......	18 Juin 1756
François-Gilles PRIGNET, *rue N. S. Roch*...	7 Oct. 1757
Elie PICARD, *rue du Roulle*.............	21 Avril 1758
* Amédée-Labadie PARIS, *rue Montmartre*...	2 Juin 1758
Gabriel PILLAVOINE, *carrefour ſaint Benoît*.	4 Août 1758
Jean-Bapt. André POCHET, *rue de la Grande Truanderie*.........................	17 Août 1759
Jacques-Louis PARISEL fils, *rue ſaint Denis*.	17 Août 1759
Louis-Nicolas PIA, *rue des Deux Ponts*....	31 Août 1759

MESSIEURS.

P

Jacques PORTEBLED fils, non établi, *chez M. son Pere*....................	14 Sept. 1759
Joseph PLOQUE, retiré, *rue de la Mortellerie, chez M. Billard*....................	2 Oct. 1761
Pierre-Jean PORCHER, *rue de la Vieille Drap.*	11 Déc. 1761
André POCHET, *rue de la Cossonnerie*......	23 Avril 1762
Anne-Jean-François PROT, *rue du Temple.*	14 Mai 1762
Pierre-Charles PERAULT, *fauxb. S. Ant*...	22 Juill. 1763
Denis PIGALLE, *cloître S. Jacq. de la Bouch.*	16 Dec. 1763
Pierre-François PAPILLON, *rue saint Anast.*	4 Mai 1764
* Jean-Baptiste PIA, *cimetiere saint Jean*....	25 Oct. 1765
Pierre Jacques PICHARD, *rue Mouffetart*...	20 Dec. 1765
Nicolas-Joseph PONTIS, *rue des Cinq Diam.*	7 Nov. 1766
Nicolas-Charles POMMERY, *rue saint Denis*..	2 Janv. 1767
Louis-Charlem. PETIT, *fauxb. S. Laurent*..	3 Juill. 1767
Nicolas PARIGAULT, *rue de la Roquette*.....	20 Juill. 1770
Jean-Baptiste PAYS, *rue de la Mortellerie*....	20 Juill. 1770
Antoine PHILIPART, *rue Guérin-Boisseau*..	20 Juill. 1770
François PETIT, *Vieille rue du Temple*.....	20 Juill. 1770
Thomas d'Aquin PONCELET, *pointe S. Eust.*	3 Août 1770
Pierre-Claude PICHOT, *Mont. sainte Genev.*.	31 Août 1770
Charles PARMENTIER, *rue de Vaugirard*...	28 Sept. 1770
Pierre-Jos. PRÉAU, *marché saint Martin*....	12 Oct. 1770
Guill. Jean-Bapt. PETIT, *rue du Four S. G.*.	10 Déc. 1770

MESSIEURS.

P

Jean-Baptiste-Charles PLUVINET fils, non établi, *chez M. son Pere*...............	15 Mars 1771
Bernard PIGEAU, *rue Galande*...........	27 Mars 1771
Jean-Denis PIÉBOT fils, non établi, *chez M. son Pere*.........................	7 Juin 1771
Jacques-Hilaire PICARD, *rue de Richelieu*..	13 Juin 1771
Jean François PERRIER, *place Maubert*.....	13 Juin 1771
Pierre POINSOT, *rue de Seine*............	23 Août 1771
Jean-François PARIGAULT le jeune, non établi, *rue Merciere*.................	17 Juill. 1772
Jean-François PASQUIER, *rue de Gêvres*....	18 Sept. 1772
Pierre POUPLIN, *rue Aumaire*...........	25 Sept. 1772
Philippe-Joseph PAYELLE, *rue saint Victor*.	19 Nov. 1773

Q

NICOLAS-MARC QUATREMERE, *cimetiere saint Jean*.........................	5 Déc. 1755
Marc-Fr. QUATREMERE, ret. *rue N. S. Eust.*	17 Sept. 1756
Amand QUINQUET, *rue des Lombards*......	22 Mai 1772

R

PAUL ROUSSEL, retiré, *rue Mazarine*.....	18 Juill. 1718
Charles-Toussaint ROUSSEAU, *rue Taranne*..	12 Sept. 1732
* Guillaume RICHARD, A. G. anc. Consul, *rue de la Juiverie*...................	18 Sept. 1733
Jean-Ch. ROUSSEL, non ét. *rue de la Verrerie*.	16 Janv. 1739

MESSIEURS.

R

Jacq. Claude ROUSSEL, non ét. *rue de Cléry.*	16 Janv. 1739
Julien-Thomas ROBERT, *rue ſaint Denis*...	14 Juin 1748
André-Pierre ROUSSEL, *rue de Bourbon, à la Ville-Neuve*....................	22 Août 1749
François-Elie RAFFRON, *fauxb. S. Antoine.*	30 Janv. 1750
François-Marc ROUVERELLE, *rue Pirouette.*	30 Janv. 1750
Jacq. Martin-Adrien RINGARD, *rue du Bac.*	24 Juill. 1750
Jean-Antoine RIOLLET, *place ſaint Sulpice*..	19 Fév. 1751
Edme-Nicolas ROULX, Grand Garde, *rue Montmartre*....................	29 Nov. 1751
Louis-Guill. ROTTIER, ret. *rue ſaint Antoine.*	14 Janv. 1752
Thomas ROYER, ret. *fauxbourg S. Martin.*	10 Mai 1754
Charles-Pierre RAVOISÉ, *rue des Lombards.*	19 Mars 1756
Julien-Edme Marie REGNARD, *rue Dauphine.*	19 Déc. 1756
Denis REGNAUD, *rue de Bretagne*........	5 Nov. 1757
André REGNARD, *rue des Arcis*..........	8 Juin 1759
Gabriel RICHOMME, *rue des Vieux-Auguſt*..	14 Sept. 1759
Philippe RICHER, *rue des vieilles Thuilleries.*	27 Fév. 1761
Jean-Charles RUELLE, *au gros Caillou*....	26 Mars 1762
Thomas RIDOU, *rue de la Fromagerie*.....	4 Nov. 1763
Jacques RINGUENOIR, *fauxbourg ſaint Ant.*	18 Nov. 1763
Adrien RIOU, *rue ſaint Antoine*..........	18 Nov. 1763
Jean-André RATAULT, *rue Notre-Dame*...	25 Nov. 1763
François ROUSSELET, ret. *rue S. Germ. l'Aux.*	7 Déc. 1764

MESSIEURS.

R

François RICHARD l'aîné, *rue ſaint Merry*..	3 Mai 1765.
Félix RICHARD le jeune, *rue ſaint Merry*...	3 Mai 1765.
Louis-Emmanuel ROBLASTRE, *rue S. Hon.*	16 Mai 1766
Ambroiſe RICHER, *rue ſaint Martin*......	18 Juill. 1766
Iſaac-Marie RISSOAN, *rue de Seine*........	30 Janv. 1767
Léonard RAGUIN, *rue de la Juiverie*.......	15 Mai 1767
J. B. François RINGUIER, ret. *rue S. Ant*..	12 Juin 1767
Pierre-Quentin RENAUDIN, *rue du Temple.*	10 Juill. 1767
Joſeph-Alexandre ROUSSEL, *Abbaye S. G*..	11 Sept. 1767
Claude-Joſeph RIGAUD, *rue de Gren. S. G.*	30 Mars 1770
François RICHARD, *fauxbourg ſaint Antoine.*	20 Juill. 1770
Jean-Pierre REGNARD, *rue ſaint Honoré*....	20 Juill. 1770
Claude ROBERT fils, non ét. *chez M. ſon Pere.*	20 Juill. 1770
Jacques-Georges ROBINE, *rue ſaint Martin.*	20 Juill. 1770
Jean-Nicolas ROUGET, *rue des Prouvaires* .	3 Août 1770
Auguſtin-Louis RICHARD, *rue Quincampoix.*	5 Avril 1771
Jean-François ROUVEREL fils, non établi, *chez M. ſon Pere*.....................	7 Juin 1771
* Marie-Joſeph ROMAIN, *fauxbourg ſaint Ant.*	15 Nov. 1771
François ROGER, *marché aux Poirées*......	29 Nov. 1771
Jean-Daniel RIBET, *au gros Caillou*.......	15 Mai 1772
Etienne ROZE, *porte ſaint Jacques*........	10 Juill. 1772
Pierre-Joſeph RASOIR, *rue de la Juiverie*...	24 Juill. 1772
Jérôme ROUSSEAU, *rue des Vieux-Auguſtins.*	23 Oct. 1772

MESSIEURS.

R

Léonor RENAUD, *rue de Seine*	26 Mars 1773
Charles-Nicolas RINGARD, *rue S. G. l'Aux.*	18 Juin 1773
* Mathias-Fleury RISSOAN, *rue du Petit Carr.*	12 Nov. 1773

S

JEAN-FRANÇOIS SEREIN, ret. *rue Chapon* ..	14 Juin 1737
Ant. Joachim SANTIEZ, *fauxb. ſaint Ant* ..	8 Fév. 1743
Jean Pierre SOLVET, *rue des Arcis*	5 Nov. 1745
Jean Baptiſte SENÉ, *rue ſaint Benoît*	13 Janv. 1747
Jean-Pierre SEJOURNÉ, A. G. *rue des Arcis.*	27 Déc. 1748 R.
Thomas SAINT-GILLES, *rue de la Cordonn.*	28 Mars 1749
Louis-Baſile SARAZIN, ret. *rue des Foſſés S. G.*	20 Fév. 1750
Henri-Gervais SAUVAGE, ret. *rue Thevenot.*	25 Sept. 1750
Jean Bapt. SEGALLA, ret. *rue des Foſſés S. G.*	24 Mars 1752
Pierre SARTON, ret. *rue Ste Croix de la Bre.*	22 Juin 1753
Michel-Simon SERISE, *rue Greneta*	5 Sept. 1755
* Jean-Antoine SIMONNET, *chauſſée d'Antin.*	24 Oct. 1755
* Etienne SILLAN, *rue ſaint Louis au Palais* ..	14 Oct. 1757
* Jacques-Michel SANTERRE, *rue ſaint Mart* ..	14 Oct. 1757
Antoine SAUVEL, *rue des Prouvaires*	11 Août 1758
Pierre SALLAIS, retiré, *rue Montmartre* ...	29 Déc. 1758
Antoine-Fr. SANTIEZ, *grande pinte de Bercy.*	27 Avril 1759
Jean-Baptiſte SEJOURNÉ, *rue des Cinq Diam.*	17 Août 1759
Jean-Bapt. SEJOURNÉ fils, *rue des Arcis* ...	31 Août 1759

MESSIEURS.

L

Jean-François SASSEVILLE, retiré, *rue du Petit Lion saint Sulpice*................ 25 Sept. 1761

* Noël SEGUIN, *rue saint Honoré*........... 6 Août 1762

Jacques SALLÉ, *rue de l'Arbre sec*.......... 23 Sept. 1763

Charles-Thomas SAINT-GILLES fils, non établi, *chez M. son Pere*.............. 23 Déc. 1763

* Antoine SOLOMÉ, *rue saint Paul*......... 23 Nov. 1764

André SIBIRE, *rue des saints Peres*....... 21 Fév. 1766

Jean-François SALLIN, *fauxb. saint Antoine.* 11 Juill. 1766

Jean-Fr. Louis SAINT-YVES, *rue du gr. Hur.* 21 Nov. 1766

Pierre SALMON, retiré, *à l'Estrapade*..... 3 Avril 1767

Pierre SANNEGON, *rue de Charenton*...... 10 Juill. 1767

Michel SEL, *fauxbourg saint Antoine*...... 10 Juill. 1767

Ant. Louis SIMONNEAU, *rue de l'Arbre sec*.. 20 Juill. 1770

Jean SEJOURNÉ, *rue saint Martin*........ 20 Juill. 1770

Jean-Bapt. SASSEFROY, *rue d'Orléans S. Hon.* 3 Août 1770

Georges SANSON, *rue Montorgueil*........ 13 Juin 1771

T

HENRI TRIBOULLEAU pere, retiré, *rue du Sépulchre*......................... 31 Janv. 1721

Toussaint TOUILLET, ret. *rue des Fossés S. Vi.* 2 Sept. 1722

Pierre THOMAS, retiré, *rue de Séve*...... 22 Déc. 1724

Jean TRAVERS, retiré, *rue* 1 Juin 1725

* Pierre-Emm. TAXIL, A. G. ret. *rue Montm.* 26 Fév. 1734

MESSIEURS.

T

* Georges-Edme TERRIER, A. G. retiré, *rue Phelypeaux*........................	1 Juin 1736
Jacques TRUDON, ret. *rue Neuve ſaint Roch.*	15 Juill. 1740
Jacques Fr. TRUDON, ret. *rue des Foſſés S. G.*	15 Juill. 1740
François TENNERY, ret. *rue de la Mortellerie.*	20 Avril 1742
Simon THOMÉ, ret. *rue de la Huchette*....	8 Fév. 1743
Alex. Théodore THUILIER, ret. *rue S. Mart.*	24 Mai 1743
Jean-Pierre TROCHEREAU, retiré, *rue de la Comédie Françoiſe*...................	19 Mars 1745
Louis TRIBUT, ret. *à la Croix Faubin*.....	27 Oct. 1747
Jean Marie THEVENEAU, *rue ſaint Antoine*.	6 Fév. 1750
Louis THIBIERGE, *chauſſée d'Antin*........	18 Déc. 1750
Henri-Etienne TRUMEAU, *rue de la Mortell.*	30 Juill. 1751
Nicolas TRIPIER, *rue Greneta*...........	14 Août 1752
Jean TURLIN, retiré, *rue de Reuilly*......	11 Avril 1755
* Pierre TREVEZ, *rue Neuve des Petits Champs.*	24 Oct. 1755
Fr. Gaſpard TOULLET, *à l'apport de Paris.*	28 Nov. 1755
Jacques-Fr. TRIBOULLEAU, *rue des v. Thuill.*	30 Sept. 1757
* Joſeph TAXIL fils, *rue Montmartre*........	4 Mai 1759
Jacques-Antoine THIERRY, ret. *rue Montm.*	8 Juin 1759
Nic. Jér. Gilles TRUDON, *rue ſaint Martin*..	17 Août 1759
Jean TESTART, *rue Aubry le Boucher*......	18 Avril 1760
* René TASSART, *vieille rue du Temple*.......	29 Août 1760
Jérôme TRUDON, *rue de l'Arbre ſec*......	14 Janv. 1766

MESSIEURS.

T

Nicolas TESTO, *rue saint Honoré*.........	16 Mai 1766
Pierre-Paul TRÉPAGNE, *barriere de Clamard.*	18 Juill. 1766
Antoine TRÉNARD, *rue de Grammont*.....	11 Sept. 1767
Louis-Philippe TRAVERS, *rue des Bouc. S. G.*	7 Sept. 1770
Louis-Henri TRIBOULLEAU, *rue de la Tann.*	27 Oct. 1770
Nic. Fr. THOMÉ, non ét. *chez M. Lorain pere.*	27 Mars 1771
Philippe THIERRY, non ét. *chez Mad. Chelers.*	5 Avril 1771
Pierre-Stanislas TOURILLON, *rue des Francs Bourgeois S. M.*......................	4 Déc. 1772

V

LOUIS-CLÉMENT VIEILLARD, A. G. anc. Consul, retiré, *rue des Prouvaires*.......	18 Oct. 1720
Pierre VÉZON, retiré, *rue Montmartre*.....	20 Janv. 1730
Louis VIGNER pere, retiré, *rue de Bussy*...	7 Sept. 1731
Ch. Jos. VACHER, A. G. *rue de la Vieille-Mon.*	29 Mai 1733
* Pierre-Jacques Vasson, Apoticaire Major, *à l'Hôtel-Dieu*........................	21 Oct. 1740
Pierre-Raim. VACOUSSIN, ret. *rue des Poitev.*	7 Avril 1741
Ollivier-Clément VIEILLARD, anc. Echevin, *rue des Prouvaires*...................	20 Déc. 1748
Jean-Charles VERNOIS, *rue saint Honoré*...	5 Sept. 1749
Louis VATELIER, ret. *rue des Canettes*.....	3 Juill. 1750
François VÉRON, *rue de Bretagne*.........	16 Nov. 1753
François VIGOUREUX, *rue & Croix des P. Ch.*	12 Juill. 1754

MESSIEURS.

V

Pierre-Jean VITROUIL, *rue de la Fromagerie*.	20 Mai 1757
Nicolas-Joseph VIET, *rue de Charonne*.....	12 Août 1757
Jean-Bapt. Levacher, dit VAUCHER, *enclos des Quinze-Vingts*.................	7 Juill. 1758
Etienne VALLERAN, *port saint Landry*....	17 Août 1759
Claude-Louis VIGNER fils, *rue de Bussy*....	31 Août 1759
Nicolas-Claude VILLARS, *rue de Bussy*.....	14 Sept. 1759
Nic. Aug. VIEILLARD, ret. *rue des Prouv*..	14 Sept. 1759
* Côme-Louis VASSAL, *rue de Gêvres*.......	27 Sept. 1765
Louis VAILLANT, *rue Pirouete en Thir*.....	12 Sept. 1766
Louis-Nic. VERNEUIL, *rue S. Jacq. de la Bo*.	19 Déc. 1766
Gabriel VOLPELLIERE, *fauxb. saint Antoine*.	6 Oct. 1769
Charles François VINCHON, *rue Froidmant*.	15 Déc. 1770
François-Verlet VAILLANT, *rue du Bac*..	22 Mars 1771
Charles-Joseph VACHER fils, non établi, *chez M. son Pere*.....................	7 Juin 1771
Pierre Charles-François VALENTIN, *rue des Barrés*..........................	14 Juin 1771
Pierre-François VERJON, *porte saint Michel*.	20 Mars 1772
Jacques-Philippe-Isaac VIGNON, *rue saint Antoine*..........................	26 Mars 1773

W

NICOLAS WIBERT, *rue des Blancs-Manteaux*.	14 Mai 1756
Jean-Félix WATIN, *porte saint Martin*.....	6 Oct. 1758

MESDAMES
LES VEUVES.

A

VEuve Pierre ANQUETIL, retirée, rue	8 Mai 1733
Veuve François ANDRY, ret. *rue des Ecouffes.*	30 Juill. 1734
Veuve Et. Franç. AUGER, *rue ſaint Denis...*	25 Mai 1736

B

VEuve Jérôme BARDON, *rue de Seine....*	19 Janv. 1720
Veuve Louis-François BRIDAULT, retirée, *rue de Charenton....................*	7 Juin 1720
Veuve Gaſpard BADOULLEAU, retirée, *rue Quincampoix*	4 Nov. 1720
Veuve Jean-Nic. BERTOU, ret. *F. S. Antoine.*	1 Juin 1725
Veuve Nic. Fr. BONVOUST, ret. *rue S. Denis.*	17 Sept. 1728
Veuve Jean-Baptiſte BOUTTEVILLE, *rue des Lombards*....................	11 Août 1730
Veuve Pierre-François BOISSEAU, retirée, *iſle ſaint Louis*....................	28 Oct. 1733
Veuve Ignace-Théodore BRONGNIART, ret. *rue de la Harpe*....................	2 Août 1737
Veuve Nicolas BEDU, *rue Mouffetart*......	18 Janv. 1743
Veuve Jacq. BALLET, ret. *rue des Deux Ecus.*	12 Fév. 1745
Veuve Thomas BÉNARD, *rue Bourtibourg...*	15 Sept. 1747

H

MESDAMES LES VEUVES.

B

* Veuve François BLANCHARD, retirée, *rue de la Monnoie*	3 Sept. 1751
Veuve Claude-Alexandre BENOIST, ret. *rue S. Martin*	10 Nov. 1752
Veuve Pierre-Louis BERTRAND, *rue Montm.*	14 Fév. 1755

C

VEuve Et. CHAPELET, *rue du Four S. G.*	23 Mai 1704
Veuve Claude-Louis CHAMPION, retirée, *chez M. Marin*	18 Nov. 1718
Veuve Jean-Henri CHELERS, *rue saint Denis.*	27 Fév. 1727
Veuve Pierre-Julien CHARRIER, retirée, *fauxbourg saint Antoine*	14 Juill. 1730
* Veuve Maurice CHEVALIER, ret. *rue de Sève.*	27 Juill. 1734
Veuve Pierre CORNUOT, *fauxb. S. Honoré.*	9 Août 1734
Veuve François CROSNIER, ret. *rue S. Mart.*	28 Mars 1738
* Veuve Bertrand COUZIER, *rue de Gren. S. H.*	13 Déc. 1739

D

VEuve François DUMOUTIER, retirée, *rue Quincampoix*	17 Mai 1686
Veuve Jean-Louis DELACOMBE, retirée, *à Argenteuil*	18 Nov. 1718
Veuve Nic. Daniel DE-DESSUS-LE-MOUSTIER, retirée, *rue de la Ferronnerie*	20 Août 1720
Veuve Jacques DUJAT, ret. *rue Quincampoix.*	27 Sept. 1720

MESDAMES LES VEUVES.

D

Veuve Marin DELAMOTTE, retirée, *rue Grenier ſaint Lazare*..................	27 Août 1721
Veuve Louis DELOBEL, ret. *rue Quincamp*..	8 Mai 1722
Veuve Jacques DUBOIS, retirée, *rue Geoffroy Langevin*....................	28 Juill. 1724
Veuve Louis DEMILLY, ret. *F. S. Antoine*..	3 Sept. 1728
Veuve Jean Bapt. DUMAY, *fauxb. S. Jacques*.	28 Juill. 1730
Veuve Jean-Baptiſte DELAPORTE, retirée, *fauxbourg ſaint Honoré*..............	23 Fév. 1731
Veuve François DIJEON, *rue ſaint Honoré*..	22 Fév. 1732
Veuve Guill. DUDESERT, ret. *rue ſainte Avoie*.	27 Juill. 1732
Veuve Nic. DUJARDIN, ret. *rue Phelyppeaux*.	14 Fév. 1738
Veuve Léonard-Nicolas DUPUYMORET, ret. *rue ſaint Martin*..................	22 Août 1738
Veuve François-Louis DESPRÉS, *rue des Foſſés ſaint Germain*...............	19 Sept. 1738
Veuve Nic. DERINELLE, ret. *F. S. Denis*..	5 Fév. 1740
Veuve Ant. Exupert DALLIER, *rue S. Louis au Marais*......................	12 Mai 1741
Veuve Jean Creſpin DUJARDIN, *cimetiere ſaint Jean*.......................	5 Fév. 1745
Veuve Louis DUBOIS, *rue Mouffetart*......	5 Mars 1745
Veuve Denis Pierre DEMONBYNE, retirée, *rue des Lombards*................	30 Juin 1747

MESDAMES LES VEUVES.

D

Veuve Laurent-Ch. DELAPLANCHE, *rue de la Monnoie*........................	15 Nov. 1748
Veuve Thomas DELELO, *rue des sept Voies*..	24 Janv. 1749
Veuve Jean DELZART, ret. *fauxb. S. Laurent.*	5 Nov. 1751
Veuve Ant. Joseph DUBRU, *rue saint Victor*..	18 Oct. 1754
Veuve Claude DERINELLE, ret. *rue de Fourcy.*	23 Juill. 1756
Veuve Raymond DESNOUES, retirée, *rue des Augustins*........................	12 Mai 1758
Veuve Pierre DELASALLE, ret. *rue du Sépulc.*	14 Sept. 1759

E

VEuve Nicolas ETIENNE, *rue de Gren. S. G.*	12 Déc. 1766

F

VEuve Louis-César FAMIN, retirée, *rue Comtesse d'Artois*........................	18 Nov. 1707
Veuve Joachim FAMIN, ret. *rue des Prêcheurs.*	6 Oct. 1713
Veuve Claude FORSAN, retirée, *cloître sainte Opportune*........................	18 Avril 1738
Veuve Mathieu FOURNIER, *rue de la Chanverrerie*........................	9 Août 1743
Veuve Nicolas-Pasquier FOURRIER, retirée, *rue de la Roquette*........................	26 Mai 1747

G

VEuve Jacques GORIA, ret. *rue Mouffetart.*	13 Oct. 1724
Veuve Jean GRÉBAN, ret. *rue des Rosiers*...	16 Juill. 1728

MESDAMES LES VEUVES.

G

Veuve François GUERAULT, retirée, *rue Montorgueil*	12 Janv. 1731
Veuve Philippe-Charles GARNIER, retirée, *place Maubert*	12 Janv. 1731
Veuve Denis-Pierre GAUT, ret. *rue ſaint Laurent*	19 Oct. 1731
Veuve Jean-Baptiſte-Antoine GILLES, ret. *rue ſaint Jacques*	14 Déc. 1731
Veuve Pierre GRANDJEAN, retirée, *rue d'Argenteuil*	4 Déc. 1733
Veuve DIDIER GUILLAUME, retirée, *rue ſaint Antoine*	20 Déc. 1737
Veuve Louis-Etienne GÉRÉ, *rue Poiſſonniere.*	27 Fév. 1739
Veuve Antoine GUESNON, ret. *rue de la Croix.*	14 Août 1739
Veuve Nicolas GUERIN, *carrefour S. Benoît..*	19 Juill. 1743
Veuve Léon GAULTIER, ret. *rue S. Germain l'Auxerrois*	13 Juin 1760

H

VEuve Jean-Pierre HATRY, retirée, *rue Quincampoix*	11 Août 1713
Veuve Pierre-Philippe HÉNAULT, retirée, *fauxbourg ſaint Honoré*	10 Déc. 1717
Veuve Jean HÉNOQUE, ret. *rue de la grande Truanderie*	21 Juill. 1719

MESDAMES LES VEUVES.

H

Veuve Pierre HUGOT, ret. *rue Montorgueil.*	7 Juill. 1730
Veuve Adrien-Louis HEUET, r. *rue Aumaire.*	30 Déc. 1740
Veuve Pierre-Laurent HURON, ret. *rue du Temple*	30 Août 1743
Veuve Jean Pierre HÉNOQUE, retirée, *rue des Mauvaiſes Paroles*	18 Déc. 1744
* Veuve Thomas HENNIQUE, *rue ſaint Jacques de la Boucherie*	11 Juin 1756

I

VEuve François IDOT, *rue ſainte Avoie*...	31 Août 1770

J

VEuve Laurent JACOTTIN, retirée, *rue des Vieux-Auguſtins*	5 Août 1712
Veuve Louis JOURDAIN, ret. *porte Montmart.*	18 Nov. 1718
Veuve Nicolas-Henri JORRAND, retirée, *rue du Chantre*	8 Nov. 1748
Veuve Pierre Joſeph JOUFFROY, *rue de la Comédie*	14 Sept. 1759

L

VEuve Jean-Baptiſte LECOUVREUR, ret. *rue ſainte Croix de la Bretonnerie*	27 Juill. 1708
Veuve Paul LARSONNIER, ret. *rue Quincamp.*	8 Mai 1721
* Veuve François LAPIERRE, ret. *rue Comteſſe d'Artois*	22 Juin 1731

MESDAMES LES VEUVES.

L

Veuve Gabriel LESFILLES, retirée, *dans S. Jean de Latran*	8 Août 1732
Veuve Pierre-François LEPAGE, ret. *rue du Cimetiere ſaint Nicolas*	31 Oct. 1732
Veuve Pierre LENORMAND, ret. *échelle du Temple*	4 Juin 1734
Veuve Eloi LELEU, *rue ſaint Martin*	17 Sept. 1734
Veuve Jean-Baptiſte-Léger LEPOT, retirée, *rue de la Harpe*	5 Avril 1737
Veuve Laurent LERICHE, ret. *au Gros Caillou.*	10 Fév. 1741
Veuve Etienne Gilbert LATOUR, retirée, *à Auxerre*	16 Fév. 1742
Veuve Charles LENORMAND, retirée, *rue ſaint Dominique*	22 Mars 1743
Veuve Thomas LEMOINE, retirée, *rue des Mauvais Garçons*	14 Fév. 1744
Veuve Auguſtin LEFEVRE, *rue de la Harpe.*	4 Déc. 1744
Veuve Louis Xavier LIEVAIN, ret. *rue des Juifs*	4 Oct. 1748
Veuve Franç. LEROMAIN, *rue de la Verrerie.*	31 Déc. 1748
Veuve Georges Combel LASERRE, *Abbaye ſaint Germain*	22 Janv. 1751
Veuve Pierre LAMOUREUX, retirée, *fauxb. ſaint Jacques*	20 Oct. 1752

MESDAMES LES VEUVES.

L

Veuve Jean-Baptiste LEGOUX, retirée, *quai des Miramionnes*....................	1 Fév. 1765
Veuve Pierre LAMOTTE, *rue des Lombards*..	6 Sept. 1765
Veuve Thomas-Louis Pierre LESGUILLIER, *porte saint Jacques*..................	13 Sept. 1765

M

* VEuve Claude-René MAYOL, *fauxbourg saint Antoine*..................	27 Mai 1720
* Veuve Jacques-Etienne MORIN, retirée, *rue Montmartre*..................	11 Oct. 1720
Veuve Simon MUIRON, ret. *rue de Grammont.*	30 Mai 1721
Veuve Claude MAHIEUX, retirée, *rue saint Dominique*..................	15 Sept. 1724
* Veuve Charles-Philippe MOUTON, *rue saint Denis*..................	17 Sept. 1728
Veuve Alexandre MACHELARD, *rue de la Harpe*..................	5 Nov. 1728
Veuve Pierre MILLET, ret. *rue Betizy*.....	12 Nov. 1728
Veuve Jean MALIDE, ret. *aux Pet. Carreaux.*	11 Mars 1729
Veuve Antoine MARFONDET, ret. *rue saint Paul*..................	27 Mars 1733
Veuve Nicolas MAUTEMP, retirée, *cloître sainte Opportune*..................	14 Août 1733
Veuve Joseph MARCHANT, ret. *rue Ste Avoie.*	26 Fév. 1734

MESDAMES LES VEUVES.

M

Veuve Charles MESAIGER, retirée, *rue Neuve saint Merry*.	1 Avril 1740
Veuve Nicolas-François MANSEAU, retirée, *rue de Langlade*.	1 Juill. 1740
Veuve Henri MÉNAGE, retirée, *fauxbourg saint Antoine*.	9 Août 1743
Veuve Nicolas-Henri MAZION, retirée, *rue Comtesse d'Artois*.	13 Déc. 1743
Veuve Gilles MAUDUIT, *marché aux Poirées*.	16 Déc. 1757
Veuve Jean-Marc MABILE, *rue des Cordeliers*.	19 Mai 1758
Veuve Ch. Joseph MANDAR, *au gros Caillou*.	11 Mars 1763
Veuve Antoine-François MÉNAULT, *rue du Pont aux Choux*.	8 Mars 1765

N

VEuve Charles-René NEVEU, *rue du Four saint Germain*.	4 Nov. 1707

O

VEuve Pierre-Alexandre OURSEL, retirée, *rue Betizy*.	27 Mars 1716
* Veuve Jean-Henri OGIER, *fauxbourg saint Jacques*.	24 Oct. 1755

P

VEuve Alexandre-Laurent PROCOPE COUTEAUX, retirée, *rue de la Comédie*.	28 Janv. 1707

MESDAMES LES VEUVES.

P

* Veuve Pierre-Noël PASCHALIS, retirée, *rue d'Anjou au Marais*	13 Oct. 1727
Veuve Louis-Robert PIA, ret. *isle S. Louis.*	19 Oct. 1731
Veuve André PORTE, ret. *aux Dames sainte Agnès*	27 Juill. 1736
Veuve Ant. PASQUIER, ret. *rue de Gêvres*	1 Août 1738
Veuve Franç. Ch. PELLARD, *rue S. Martin.*	21 Avril 1741
Veuve Jean PICARD, ret. *place sainte Genev.*	20 Oct. 1742
* Veuve Jean-Pierre PUJO, ret. *rue d'Argenteuil.*	23 Oct. 1744
Veuve Nicolas PORON, ret. *place Maubert*	11 Oct. 1748
Veuve Jean POCHET, *rue du Vieil Colombier.*	24 Déc. 1751
* Veuve Charles-François PIERRON, *rue sainte Marguerite saint Germain*	14 Oct. 1757

Q

VEuve Etienne-Henri QUATREMERE, *rue de Bussy*	7 Déc. 1753

R

VEuve Pierre ROBERT, *rue Mouffetart*	16 Dec. 1712
* Veuve Nicolas-François ROUSSELOT, ret. *porte saint Jacques*	1 Fév. 1720
Veuve André ROUSSEL, retirée, *à Chaillot.*	22 Nov. 1743
* Veuve Guillaume-Simon ROUELLE, *rue Jacob*	12 Juin 1750
Veuve Louis RÉBUT, *rue saint Honoré*	20 Déc. 1754

MESDAMES LES VEUVES.

S

VEuve Jean-Baptiste SEJOURNÉ, retirée, *rue des Cinq Diamans*	22 Nov. 1718
* Veuve Ant. SALVAN, ret. *rue des Poitevins.*	5 Juill. 1726
Veuve Pierre SALLAIS, ret. *rue de Bourbon Ville-Neuve*	17 Sept. 1728
Veuve Jean-Bapt. SOFFICE, ret. *isle S. Louis.*	31 Mars 1730
* Veuve François SAGE, *rue de Bussy*	27 Juin 1732
Veuve Pierre SEJOURNÉ, retirée, *rue du Bac.*	16 Oct. 1733
Veuve André SIBIRE, ret. *rue des saints Peres.*	3 Mai 1737
* Veuve Nicolas-François SANTERRE, retirée, *pont Notre-Dame*	16 Juill. 1751
Veuve Louis SANTIEZ, *barriere du Thrône* ..	17 Déc. 1762
Veuve Louis SELLIER, *rue saint Paul*	5 Juill. 1765

T

VEuve Etienne TRUMEAU, retirée, *rue Bar-du-Bec*	16 Déc. 1701
Veuve Louis-Bern. TRAVERS, *rue S. Honoré.*	28 Juill. 1724
Veuve François TASSERY, ret. *rue aux Ours.*	11 Déc. 1744
Veuve Pierre-Noël TOUTIN, retirée, *rue des Bons-Enfans*	2 Déc. 1746

V

VEuve Jean VILLAIN, retirée, *cloître saint Germain l'Auxerrois*	2 Déc. 1712

Fin du Catalogue général Alphabétique.

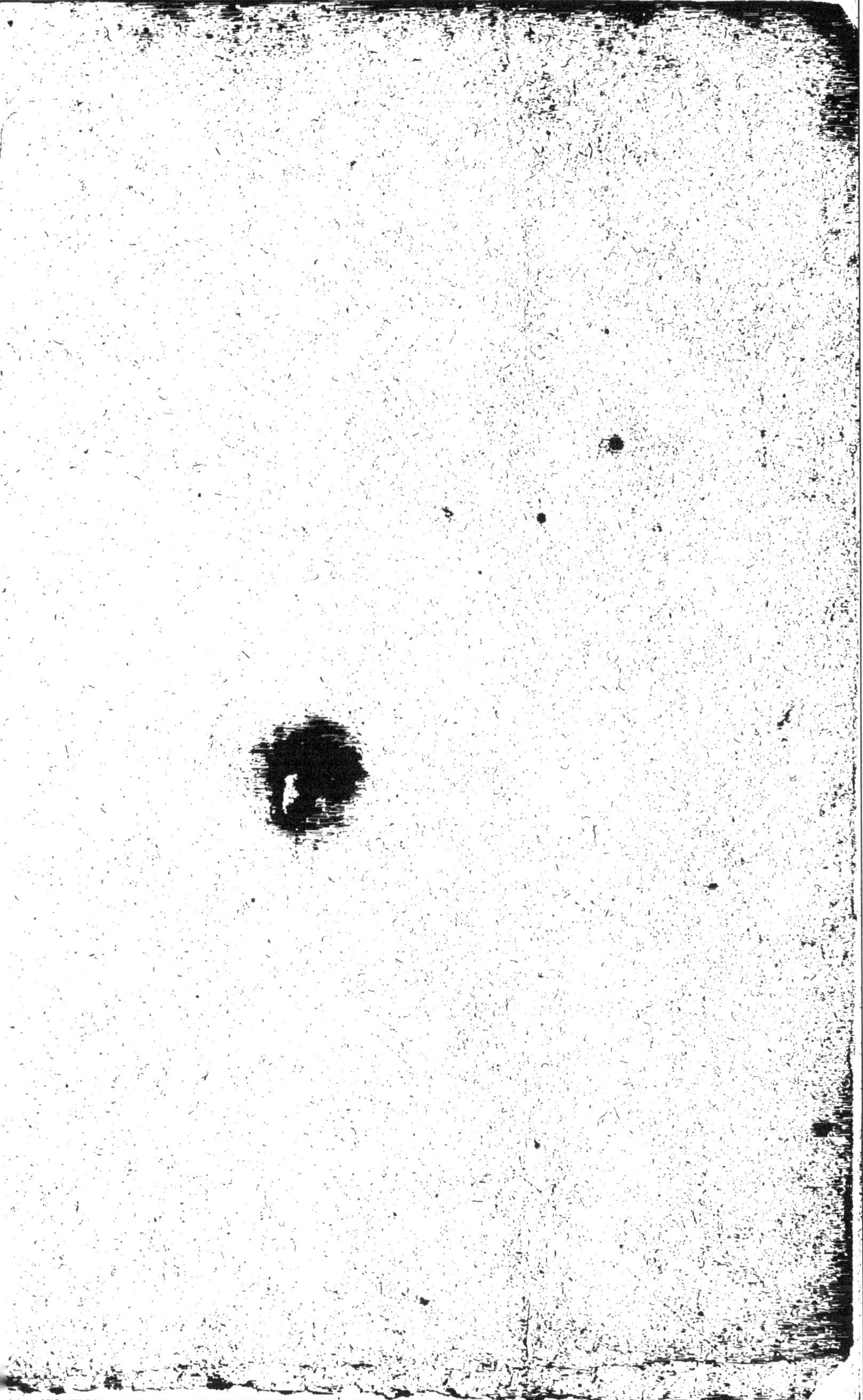

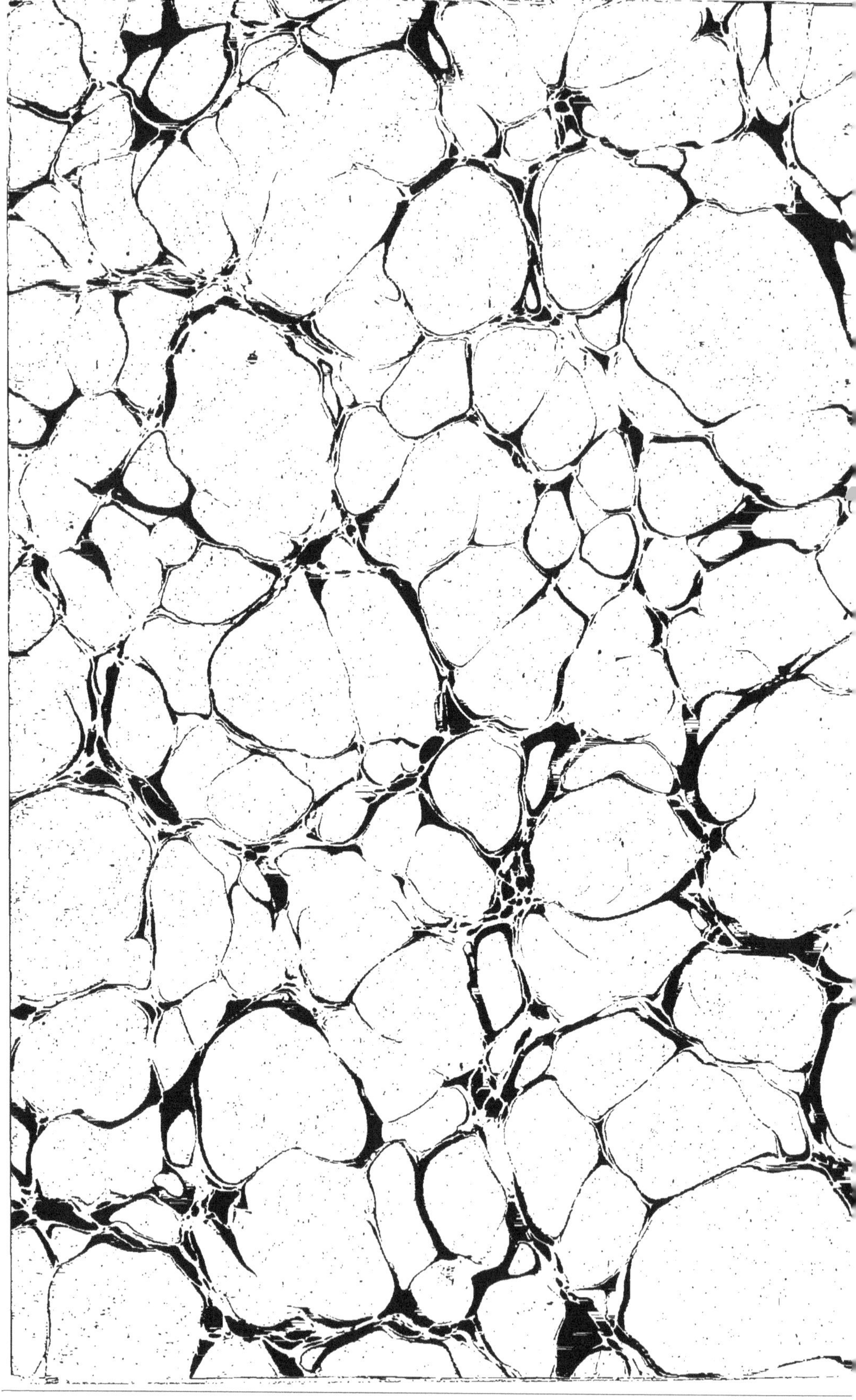

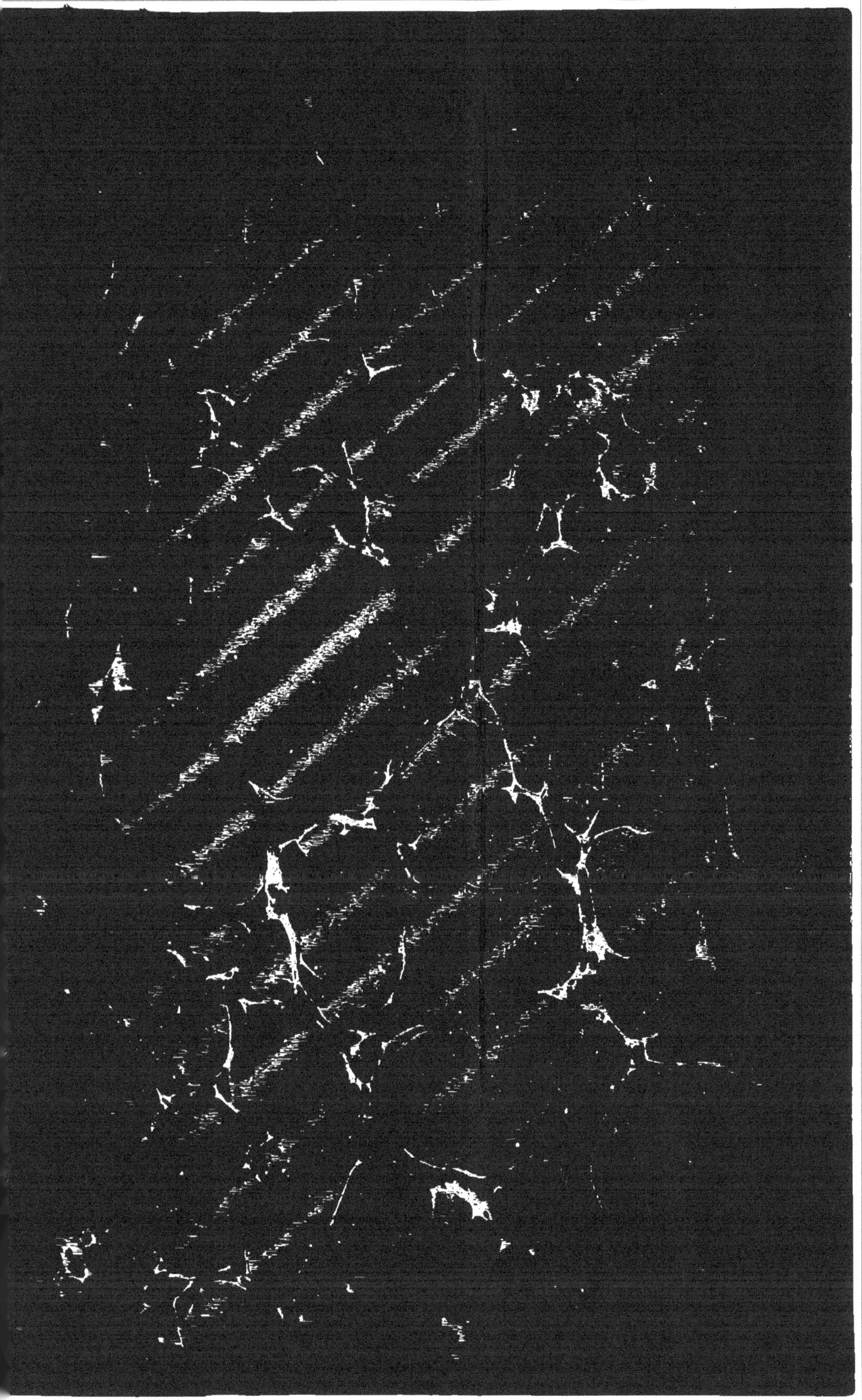

www.ingramcontent.com/pod-product-compliance
Ingram Content Group UK Ltd.
Pitfield, Milton Keynes, MK11 3LW, UK
UKHW020408230726
13925UKWH00003B/1315